ら始める

# アオリイカ エギング入門

村越正海直伝!

村越正海◎監修
「つり情報」編集部◎編

つり情報BOOKS

日東書院

# EGING FIELD VIEW

5、6月に孵ったアオリイカたちが、スクスクと成長して、
エギングのターゲットとなる大きさに達する晩秋。
各堤防、磯を問わず岩礁帯のある浅瀬に群れをなしている。
秋は日中エギングのトップシーズン。
見えイカの数釣りが楽しめるはずだ！

# 秋はラン&ガンで数を狙え！

秋のエギングは1ヶ所で粘りすぎず、
次つぎと釣り場を移動しながら
数釣りに挑んだほうが断然面白い！

見えイカを、ちょこちょこっと誘って抱きつかせ、
釣り上げる快感、達成感は、何ものにも代えがたい

▲水深の浅い釣り場でテンポよくエギをしゃくり、ひとつでも多くの釣り場をめぐるのが秋の基本スタイル

▼昨今、どこへ行っても釣り人だらけといった感が否めない。できるだけ釣り人の少ない港をめぐり歩くのが数釣りのコツ

▲秋はひたすらサイトフィッシングに徹して、イカを乗せるための技を身に付けたい

◀エギは2.5号、3号、3.5号。カラーは、それぞれのサイズに対してピンク系とオレンジ系を用意しておけば十分である

300グラム級が数釣りシーズンのレギュラーサイズとなる

秋のアオリイカは概して小型が多い。春先に生まれた子イカが成長して、ぼちぼちエギングで釣れるサイズになったばかり、といったところだろうか。

ともあれ、この時期にエギングで釣るアオリイカは、小型が主体である。アベレージサイズは100～300グラム。400グラムが飛び出せば万々歳である。

ただし、型は小さいものの、数は多い。水際を観察しながら歩いてゆくと、そこかしこにアオリイカを発見できるのも、秋ならではの楽しみ。エギングで釣れそうなサイズなら、即ロッドを取り出し、狙ってみるべきだ。

アオリイカのそばでエギを強くしゃくるとアオリイカはどう反応するか……しゃくった後のエギを沈めていくとアオリイカはどうにじり寄ってくるか……なかなかエギに抱きつかないアオリイカを仕留めるためにはどうしたらよいか。

それらを逐一目で確認しながら、ひとつ残らず頭に叩き込んでいただきたい。そののちに、遠く、深くのエギングに挑めば、目をつぶっていても水中での様子

警戒心の薄くなる夕マヅメは大型ヒットのチャンスタイムでもある

▶遊歩道の整備された地磯は行程も楽で、テンポよく探れるので釣りやすい

が手に取るように想像できる。

そうなればしめたもの。例えアオリイカが見えなくても、深場だろうと、夜だろうとイメージ通りのエギングを展開することができるのである。

秋は、そのためのシーズンであると考えていただきたい。居直って、小型のアオリイカとトコトン遊んでいただきたい。さらにいえば、秋はひたすらサイトフィッシングに徹するのがよい。

片っ端から港をめぐり、アオリイカを見つけたら小さくてもエギをキャストし、とにかく挑んでみる。ここぞと思う場所でアオリイカが見当たらなければ、とりあえずエギをキャストし、しゃくってみる。近くにアオリイカがウロついていれば、必ずやエギの後を追ってくるに違いないのである。

そうして寄せたアオリイカも、見えイカ同様、エギで仕留めることができる。もちろん、釣るための基本を知っておかなければ手も足も出ないのは当然のこと。それもまた、典型的なサイトフィッシングのひとつなのである。

▲地磯ではフローティングベストとスパイクシューズは欠かせない。万全な装備があればこそ、手軽な釣りといえるのだ
◀秋は小型だからと侮らず、1杯1杯のアオリイカと真摯に向き合ってみる季節

地磯を巡り、アオリイカを見つけたら
小さくてもエギをキャストして
挑んでみるのもよい

沖磯でエギング……
未知の世界が楽園に見えるのは、
いずこもいつの場合も同じである！

アオリイカが産卵のため浅場の藻周りにやってくる春は、
キロオーバーの大型が手にできる絶好の機会。
そんな大アオリを高確率で手にできるのが渡船で渡る沖磯。
地周りの堤防や磯に比べて、まだまだエギのプレッシャーの
少ない沖磯は、アオリイカたちの別天地なのだ！

# 春は沖磯で大型勝負！

乗った！
グングンとエギを持ち込む引きに耐える。
ジジ…ジッとドラグが鳴る

▲▼周囲を海に囲まれた沖磯そのものがストラクチャー。際に見えるイカも多く、サイトフィッシングも楽しめる。小型なら抜き上げで対応。見事に400グラム級をゲット!

▲▶当日使用したエギたち。小分けしてフローティングベストのポケットに収納。機動力が増す

エギングには、色いろなパターンの釣行スタイルがある。

最も手軽で人気が高いのは、港湾や堤防といった、車を置いてすぐに入れる釣り場を手際よく攻めて行く、いわゆるランガンスタイル。

巷に数多く出回っている「釣り場ガイド」を参考に、ドライブ気分でのんびりめぐってみるのがよいだろう。

その、手軽な港湾や堤防周りに釣り人がひしめいていて、思い通りのエギングを展開できない時は、磯に出てみるとよい。本格的な磯となれば初心者には危険だが、港と隣り合わせた小磯なら、だれにでもたやすい。釣り場ガイドに載っていない自分だけの釣り場を探すという楽しみもある。

釣り人の多い港湾に比べれば、磯はアオリイカがスレていないのが特徴である。そんな磯釣り場の究極が、海面にポ

▶潮通しのよい沖磯ではエギがナナメに流され着底が分かりづらい。ラインに指を添えて感じ取る

▲ボトムまでしっかり沈め、2、3度鋭くしゃくってから再びフォールさせている間にグンッときた！

▲あらかじめ船長にエギングで楽しみたい旨を伝えておけば、最適な磯へと渡してくれるはずだ

▼沖磯のアオリイカはエギにスレていないため、居ればヒットする確率も高く、大型も期待できる！

取り込みは慎重に！　足場の高い磯では5〜6メートルの玉ノ柄に専用のギャフを取り付けて使用する

ッカリと浮かぶ沖磯だ。また陸路が完全に閉ざされている地磯も然り。

　歩いて行けぬアノ釣り場には、エギの届かぬはるか沖合の水底には、きっとアオリイカの乱舞する楽園があるに違いないとついつい考えてしまう。

　そんな沖磯へは、渡船を利用してエントリーするため敷居が高いように思われるが、船頭さんが懇切丁寧に最新の状況やポイントを教えてくれるため、初心者でも安心して出かけられる。

　沖磯を攻める場合、水際から高さがある所も多いので、ロッドはやや長目を用意。また、エギも速い潮の流れを考慮して3.5〜4号を持参。磯際の見えイカ用に3号もあるとよい。専用のエギホルダーに収納して持ち歩くが、使用頻度の多いエギはフローティングベストのポケットに収まる小型容器に収納すると使い勝手がよい。

　沖に浮かぶ1級磯。渡船料金はかかるものの、沖磯というステージは、無限の可能性に満ち溢れている。

沖磯のアオリイカはエギにスレていないため、
いればヒットする確率も高く、
大型も期待できる！

# 沖からボートで攻める！

**ひょっとすると、釣り船やボートからのエギングは、**
**陸っぱりのエギングがそのまま通じるのではないか……。**
**機動性に優れ、陸っぱりでは近づけないエリアへの**
**接近が容易となれば、**
**ボート・エギングのメリットは計り知れない！**

ボート・エギングのメリットは、陸から攻められないポイントをテンポよく探り回れること

ボートからエギングを展開する釣り人が、年々増え続けている。エギング人口が急速に増加し、ハイシーズンの休日ともなれば、有名釣り場はどこも満員御礼状態が当たり前となった。

▲ボート・エギングでのエギセレクトは4.5号から3号までと幅広く用意しておいたほうが安心だ

▼船舶免許を所持していれば、エンジン付きボートをレンタルして楽しむことも可能

# EGING FIELD VIEW *aoriika*

▶砂地の海底ではアオリイカの他にスミイカもエギのターゲット

▼アオリイカが接岸する前の早い時期に、ボートでは驚くほど良型が数釣れることもある

▲深い場所も容易に攻められるボート・エギングでは、ほぼ周年アオリイカを手にできる

名の知れた港を避け、磯の釣り場開拓に精を出す釣り人も少なくないが、一方で、ボートに乗って沖からエギングを展開しようという釣り人も増加し始めているのも疑いようのない事実である。

ボートからのエギングは、船釣りにおける中オモリ使用のしゃくり釣りとは異なり、あくまでも陸っぱりスタイルのままと思ってよい。

人込みを避け、のんびりとエギングを満喫するには、もってこいのスタイルである。加えて、陸っぱりでは手の届かない沖合や、ルートのない磯の沖などが容易に狙えるというメリットもある。

▲もちろん、手漕ぎボートでもボート・エギングは十分に楽しめる

# エギングで狙えるイカたち

**アオリイカ以外にもエギングで狙えるイカがいる。関東ではスミイカと呼ばれるコウイカやスルメイカ、アカイカと呼ばれるケンサキイカなどなど。そんなイカたちを紹介しよう！**

## ➡アオリイカ

【ツツイカ目ヤリイカ科】

胴長は最大で 60 センチ前後にまでなる。普通に釣れるサイズは 20 ～ 40 センチ。北海道南部以南からほぼ日本列島沿岸全域に分布。また日本以外でもハワイ以西の西太平洋からインド洋まで広く分布する。最近、アオリイカの分類が再度見直され、小笠原や八丈島などで見られる超大型種、伊豆や日本列島沿岸で見られる普通種、先島諸島などで見られる小型種、この 3 つに分かれる方向で検討されている。

岩礁帯、砂地、砂礫の海底の場所に棲み、小魚、エビ・カニ類などを捕食。海藻に擬態して潜んでいることも多い。産卵期は 6 ～ 8 月。透明な色をした枝豆型の房状の卵を産む。

アオリイカの雄雌は胴の模様で判別できる。雄は横線状の模様が浮き出ており、雌は斑点状の模様となっているからだ。写真は雌のアオリイカ。

## ⬆ヤリイカ

【ツツイカ目ヤリイカ科】

北海道から九州までの日本沿海、黄海、東シナ海東部に分布。外套長 30 ～ 40 センチ。エンペラの部分が槍のような形をしていることからこの名がある。日本の代表的なイカで、普通は水深 100 ～ 150 メートルダチを船釣りで狙うことが多いが、産卵期の 12 ～ 3 月は浅場に来るため、岸から狙える距離まで接岸することも多い。特に西伊豆など、足元から急深な堤防でよく釣れる。食べても美味。

## ⬆ケンサキイカ

【ツツイカ目ヤリイカ科】

本州中部以南の日本沿海、東シナ海、南シナ海、インドネシアに分布。ヤリイカとよく似るが、胴が太く身が厚い。胴の先端が尖って剣のように見えることからこの名が付いた。丸みを帯びた小型のものはマルイカと呼ばれている。春から夏にかけての産卵期には水深 20 ～ 40 メートルの内湾に現れ、晩秋になると 60 ～ 100 メートルの深場に落ちる。

## ⬆スルメイカ

【ツツイカ目アカイカ科】

北海道～九州、千島、朝鮮半島に分布する。日本近海のスルメイカには、産卵期によって3系群あることが知られている。このうち秋生まれ群は大型で、日本海の沖合を回遊し日本海での漁獲の7割を占める。冬生まれ群は黒潮に乗って北上、三陸から北海道沖でも漁獲される。夏生まれ群は資源量としては小さい。釣期は春で沿岸部の浅場を回遊するが、夏以降は外海の深場に出ていく。雄よりも雌のほうが大きい。

## ⬆コウイカ

【コウイカ目コウイカ科】

本州中部以南の沿岸域、朝鮮半島に分布する。外套長 20 センチ前後。水深 10 ～ 100 メートルの砂底または砂泥底に棲む。海底のエビやシャコなどを好んで捕食している。春から初夏にかけて浅場で産卵する。この時が陸っぱりからのチャンスタイム。怒ると、とてつもない量の墨を吐くことから、スミイカと俗称で呼ばれる。針イカとも呼ばれるようにスミイカには胴部先端に棘がある。よく似ているシリヤケイカには棘がないため、そこで見分けられる。

## ⬆カミナリイカ

【コウイカ目コウイカ科】

コウイカの近縁種となり、生態などはほぼ同じで、外套長約 35cm と大型になるコウイカ類。通称モンゴウイカとも呼ばれ、コウイカと同様に美味。見分け方は、カミナリイカには胴の表面にコーヒー豆のような形の白い紋様が散在することで見分けられる。

## ⬆シリヤケイカ

【コウイカ目コウイカ科】

本州以南の日本沿岸に分布。外套長 15 ～ 20 センチ。沿岸の浅い岩礁域に棲む。コウイカに似るが、胴部先端に棘がない。また体表の模様も白点を散りばめたような模様で、コウイカのものとは異なる。春から初夏にかけてが産卵期で、浅場の海藻などに卵を産む。年にもよるが比較的大きな群れで接岸するため、かなりまとまった数が釣れることもある。

CONTENTS

# 基礎から始める 村越正海直伝! アオリイカ エギング入門

## COLOR

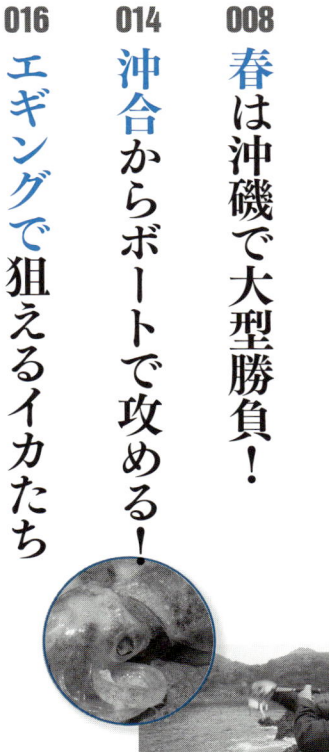

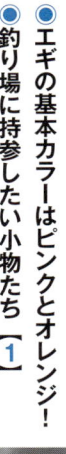

CHAPTER

# 01 アオリイカを知る!

標準和名はアオリイカであるが、イカ類のご多分にもれず、地方名も少なくない。関東ではバショウイカ。これは、エンペラの部分が芭蕉の葉のように大きいという理由から。四国方面ではモイカ。藻の周りに居つくからという理由に違いない。九州ではミズイカ。水のように透き通っているイカ、という意味。

海外では、概ねグリーンアイスクイッドで通じる。お分かりのとおり、緑の目のイカという意味。確かに、いわれてよく見れば、グリーンがかった美しい色の目をしている。

アオリイカを知る！

# アオリイカの生息範囲はこんなに広い

**日本国内におけるアオリイカの南限はない。最大サイズは5キロ以上にも！**

目の回りの色から、海外でグリーンアイスクイッドと呼ばれる

図鑑によれば、アオリイカの生息範囲は北海道南部より南の日本各地、とある。

琉球列島最西端の与那国島に数多くのアオリイカが生息していることや、小笠原諸島でも人気ターゲットのひとつになっていることをぼくはよく知っているから、南限に関して疑問に思うことは何もない。

ずばり、日本国内における南限はないのである。どんなに小さな島へ行こうとも、アオリイカが生息しているに違いないのだ。

北は、どうか。

秋田県の男鹿半島で予想外の数釣りを経験した年に、釣友が青森県の竜飛岬でやはり数多くの釣果を上げた。青森県内

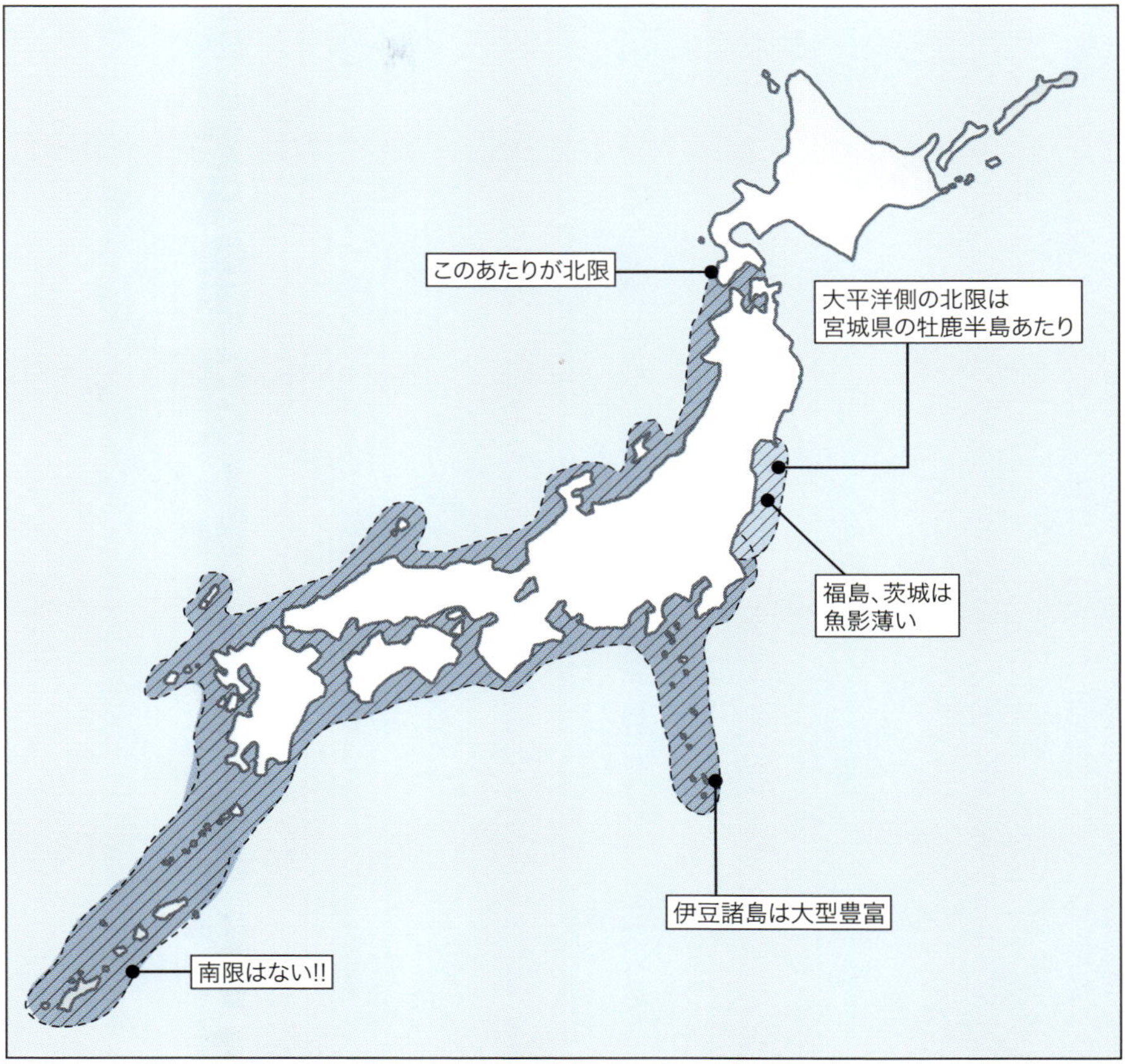
このあたりが北限
大平洋側の北限は
宮城県の牡鹿半島あたり
福島、茨城は
魚影薄い
伊豆諸島は大型豊富
南限はない!!

にアオリイカが生息しているのは、紛れもない事実である。

ただし、生息範囲や北限に関するテーマで話を進める際、注意しなければならないのは、青森県のすべての海が、生息圏内に入っているのかどうか。

竜飛岬のアオリイカの群れは、日本海側を北上する暖流に乗ってやってきたであろうことが容易に想像できる。

暖流の使者であるシイラまでもが、日本海を北海道まで北上している事実から見ても、おそらく間違いはないだろう。

同じ青森県内でも、下北半島から太平洋岸におけるアオリイカの目撃情報は聞いたことがない。

太平洋側に関しては、青森県まで北上している可能性は低い。太平洋側の北限は、宮城県の牡鹿半島あたり。牡鹿半島の北側で釣ったという信頼情報もあるが、まあせいぜい、そのあたりが北限と見てよさそうだ。

北海道は、どうか。

可能性があるとすれば、日本海側の函館周辺。いくつか目撃情報があるにはあ

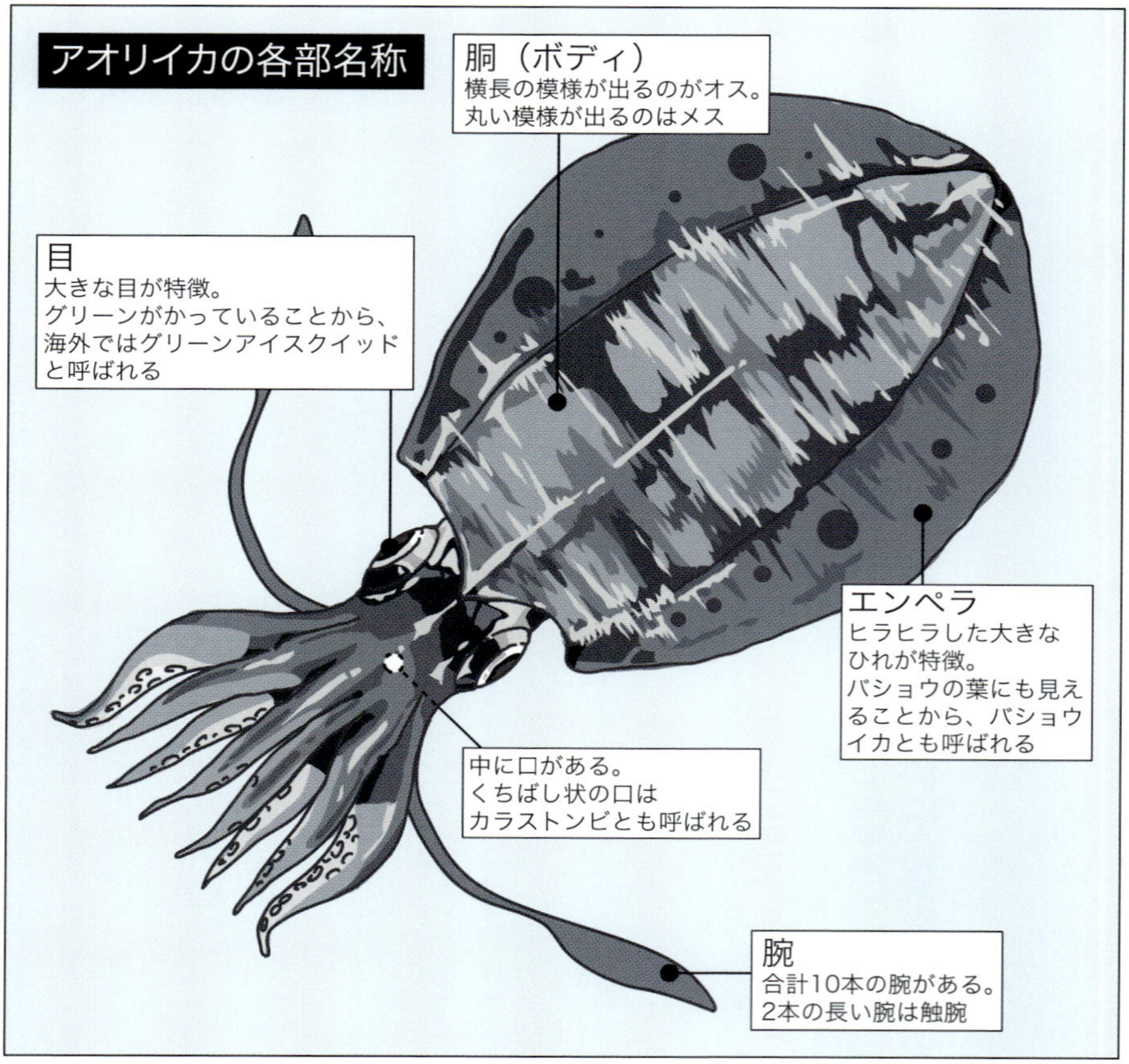
アオリイカの各部名称
胴（ボディ）
横長の模様が出るのがオス。
丸い模様が出るのはメス
目
大きな目が特徴。
グリーンがかっていることから、
海外ではグリーンアイスクイッド
と呼ばれる
エンペラ
ヒラヒラした大きな
ひれが特徴。
バショウの葉にも見え
ることから、バショウ
イカとも呼ばれる
中に口がある。
くちばし状の口は
カラストンビとも呼ばれる
腕
合計10本の腕がある。
2本の長い腕は触腕

るが、年によっていたりいなかったりする程度なのか、毎年安定しているものなのか、今のところ情報が少なすぎて判断することはできない。

以上の範囲のうち、茨城県から宮城県にかけての範囲は魚影が極端に薄く、東京湾奥や、名古屋湾奥、大阪湾奥など、水が汚れている海域には生息していないので念のため。

海外に目を向けてみると、ロウニンアジの生息しているような南の海には、概ね生息している。さらに南半球のニュージーランドやオーストラリア、近い国では韓国や香港。韓国は、南部の釜山やチェジュ（済州）島、香港は香港島にも、南側に点在する小島周りにも数多く生息していて、エギングそのものの人気も年々高まっている。

## アオリイカを知る

アオリイカの特徴は、エンペラと呼ばれるうちわのように大きなヒレである。体型からすれば、コウイカ（スミイカ）

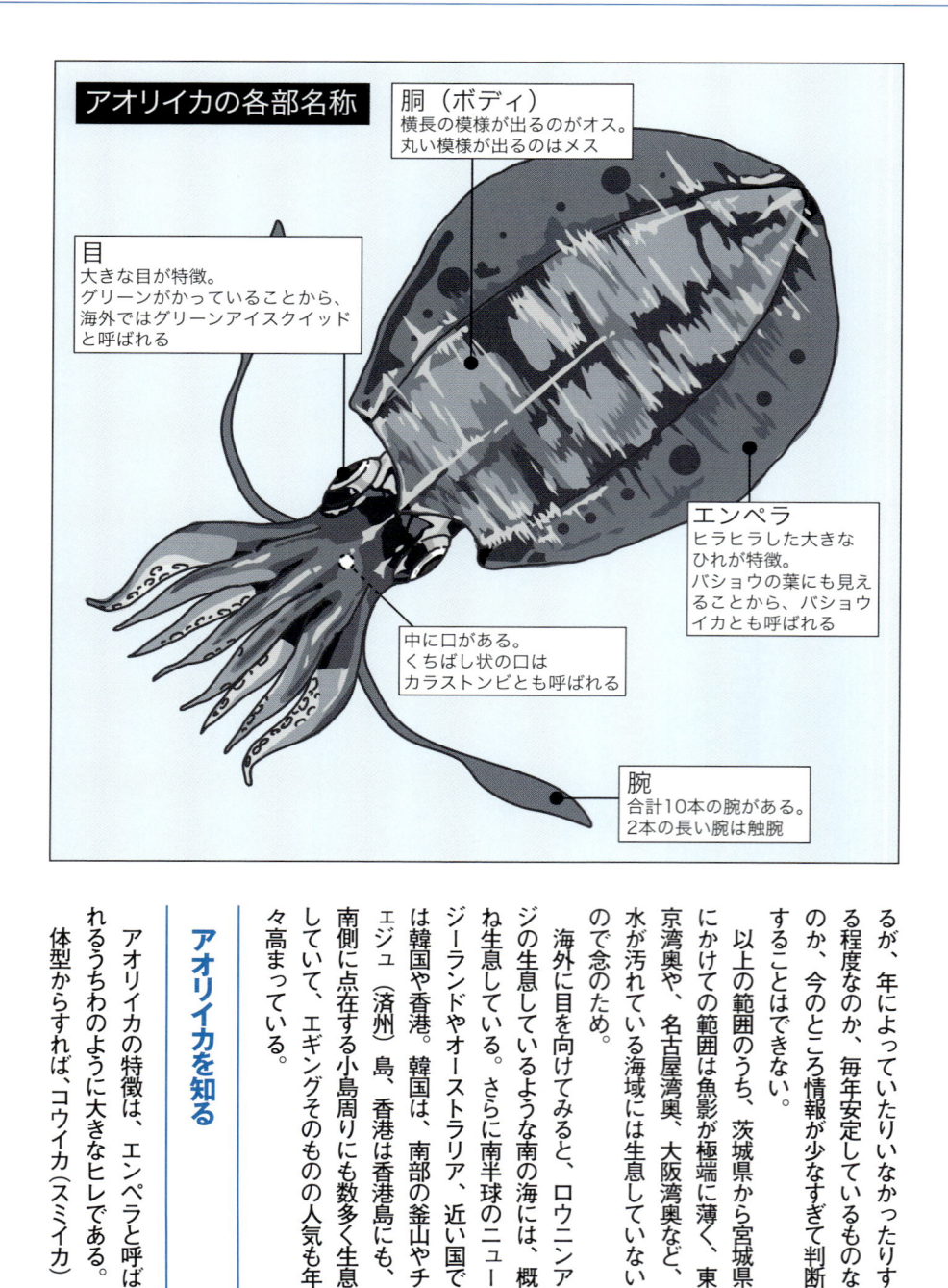

# アオリイカの生息範囲はこんなに広い

の仲間のように思われがちだが、コウイカの特徴である甲を有していないため、コウイカの仲間には入らない。

　その、うちわ状の大きなヒレが芭蕉の葉のようであることから、関東ではバショウイカとも呼ばれる。

　腕は他のイカ類同様、全部で10本。2本の長い触腕と、短い8本の腕からなる。通常の捕食は、2本の長い触腕を伸ばして獲物を捕まえ、その後10本の腕で抱きかかえるようにして食べる。

　10本の腕に隠れて見にくいが、付け根にカラストンビと呼ばれる、カラスのくちばしのように黒くて鋭い口がある。その鋭い口でガブリとかみつかれたエギには、その歯形がくっきり残る。ボロボロになったエギは、多くのアオリイカを釣り上げた証であり、勲章である。

　大きな目をよく見ると、グリーンがかっているのがよく分かる。海外でグリーンアイスクイッドと呼ばれるのはそのためだ。

　雌雄の見分け方は、胴体の表側に浮き出る模様が、細い線状となるのが雄で、小さな丸い斑点状になるのが雌。

　サイズは、1キログラムともなれば十分大型といえるものの、最大サイズは5キロ以上。さすがに4キロ以上に出会う確率は高くないが、3キロ台までならどこでもチャンスがあると思ってよい。

　重量が増すのは、春から夏にかけての産卵期が一番。「親イカは釣らないのが資源保護としてのルール」といい伝えられている地域もあるが、やはりでっかい魚（イカ）を釣りたいのが釣り人の偽らざる気持ち。

　自らの釣り史に残るような、2キロオーバー、3キロオーバーのアオリイカをぜひとも釣り上げていただきたい。

これは雄。体表の斑点が細い線状となる

雄とは違い、胴体に小さな丸い斑点が見えるのが雌

アオリイカを知る！

# エギングはこんな釣り！

**難しいことや面倒なことは一切ナシ。熟練の技術も必要ナシ。これがエギング！**

和製ルアー・エギ。これにイカが抱きついてくるのが不思議

ルアーフィッシングでは、メタルジグを使った釣りを「ジギング」と呼び、ミノーを使った釣りを「ミノーイング」と呼ぶ。

従って、エギを使う釣りは「エギング」と呼ばれているのである。

エギ（餌木）の起源は、江戸時代中期。鹿児島の漁師が、夜焚き（松明を燃やして魚を集める漁法）に使われた松明の燃えがらにアオリイカが抱きついているのを見て、木にハリを付けたのが始まりといわれている。

最初は、木肌を焼いたもの、次いで塗装、その後現在の布巻きへと進化した。

素材も元もとは木のみだったが、現在では市販されているエギのほとんどがプ

ラスチックか発泡材の成型品である。製品ごとのバラツキがほとんどないのが、成型品のありがたいところである。

　エギング以外のアオリイカの釣り方としては、生きエサに掛けバリを背負わせ、ウキで漂わせるウキ釣りと、ハリを付けずに生きエサだけを泳がせておき、アオリイカが抱きついたらそっと寄せてヤエンで掛けるヤエン釣りが代表的だ。

　どちらも生きエサを用意し、元気なまま釣り場に運ばねばならないといった苦労がつきまとう。

　それに比べると、エギングは身軽な上、テンポよく攻めながら釣り場を次つぎに移動できるため、アオリイカに出会えるチャンスは非常に多い。

木肌を焼いたもの、塗装、そして布巻きへとエギは進化している

## 見えるアオリイカは皆釣れる

　エギングそのものは、現在が第2次ブームである。第1時ブームは、1990年代。

　そのころのエギングは、もっぱら夜の釣りで、タマヅメから朝マヅメにかけて、夜な夜な港周りや磯を徘徊した。

　ラインもPEラインが普及する前で、もっぱらナイロンモノフィラメントを使用していた。ロッドは長く、しゃくり釣りよりタダ引きを繰り返している釣り人が圧倒的に多かった。

　動きの乏しいエギをスロースピードで引くわけだから、カラーが重要視されるのは当然の話。

　ともすれば、現場におけるエギのカラーセレクトのみが釣果を左右する、と信じて疑わなかった時代であった。

　日中エギングが登場し、初めて実践したときは正直驚いた。

　夜のエギングで2ケタ釣果を上げるのはなかなか大変なことであったが、日中エギングでは、初チャレでいきなり32杯のアオリイカをキャッチ。

　頭をトンカチで殴られたほどの衝撃を受けたのであった。

　第1時ブームの際との大きな違いは、細いPEラインを使って、信じられないほどビシバシと強いしゃくりを繰り返すこと。

　以前の常識でいえば、日中、見えるアオリイカは、エギの後を追ってはくるものの、釣るのは至難の業。釣ろうとチャ

## エギの各部の名称

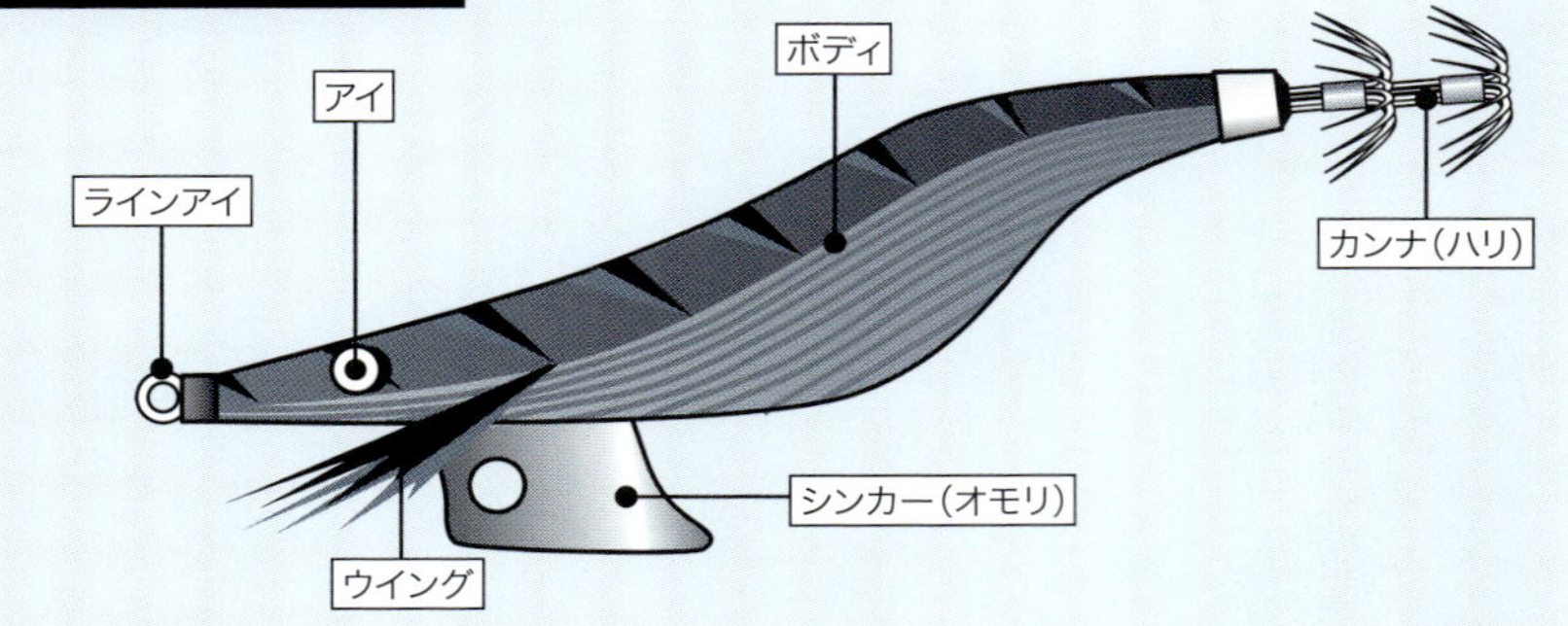


レンジすること自体が、無謀なことと考えられていたのだった。

　ところが、日中エギングを覚えたら、見えるアオリイカは皆釣れる、と思えるようになった。実際、堤防上を歩きながら、発見したアオリイカを釣るというサイトフィッシングは、痛快そのもの。時にはアオリイカが哀れに思えてしまったことさえあったのである。

　日中エギングのキモは、鋭いしゃくりと、フォーリングへの切り替えしにある。ビシッビシッとロッドが空を切り、ラインが海面を切り裂くほどのしゃくりは、ひと昔前の釣りの常識ではタブーであった。

　糸鳴りが水中に伝わって、相手を驚かせてしまうと信じられていたからだ。

　その常識を疑う釣り人など会ったことがなかったから、しゃくりの強さには本当に驚いた。しかも、しゃくった瞬間こそアオリイカがスッと逃げるものの、フワリとフォーリングに切り替えると、すっ飛んできて、見ている前でエギに抱きついたのだ。

　さらに、しゃくりを繰り返すうち、どこからともなくアオリイカが2杯、3杯と集まってくるではないか。

　それを確認して、ひとしゃくりを加え、フワリとしたフォーリングで一丁上がり、となる。

　細いPEラインの登場によって一変した日中エギングの世界をぜひとも体験していただきたい。

難しいことや面倒なことは一切ナシ。

日中エギングの醍醐味は、もちろんサイトフィッシングにある

# エギングはこんな釣り！

ＰＥラインの登場により様変わりしたエギング・シーン

本書を一読したら、さあ、釣り場へでかけよう！

熟練の技術も必要ナシ。エギングは、技術ではなく知識であるとぼくは思っている。

　なぜなら、ぼくがそうだったように、始めたその日に大釣りをすることだって夢ではないのである。

　以下の項を一読したら、急いで釣り場へ出かけていただきたい。

エギングは通年楽しめるが、メインとなるのは春と秋

## アオリイカを知る!

# エギングのシーズン!

**春は産卵で接岸する大型がターゲット。秋はサイトフィッシングが楽しめるシーズンだ**

ほぼ周年を通して行われているエギングであるが、本格的なシーズンが始まるのは、秋。9月になれば、春に生まれたアオリイカたちが、どうにかエギに抱きついてくるサイズにまで成長する。

早期のエギングは、アオリイカが小さくて釣るのは忍びない、と敬遠するベテラン釣り師も少なくないが、入門したての初心者は、むしろこの時期を逃さずせっせと釣り場へ出かけるべきだ。

コロッケサイズからせいぜいトンカツサイズといった小型主体の釣りになるが、なんといっても数が多い。

沖からエギをしゃくってくると、後ろから何杯ものアオリイカがぞろぞろ付いてくるケースもあるし、水辺の浅場を注

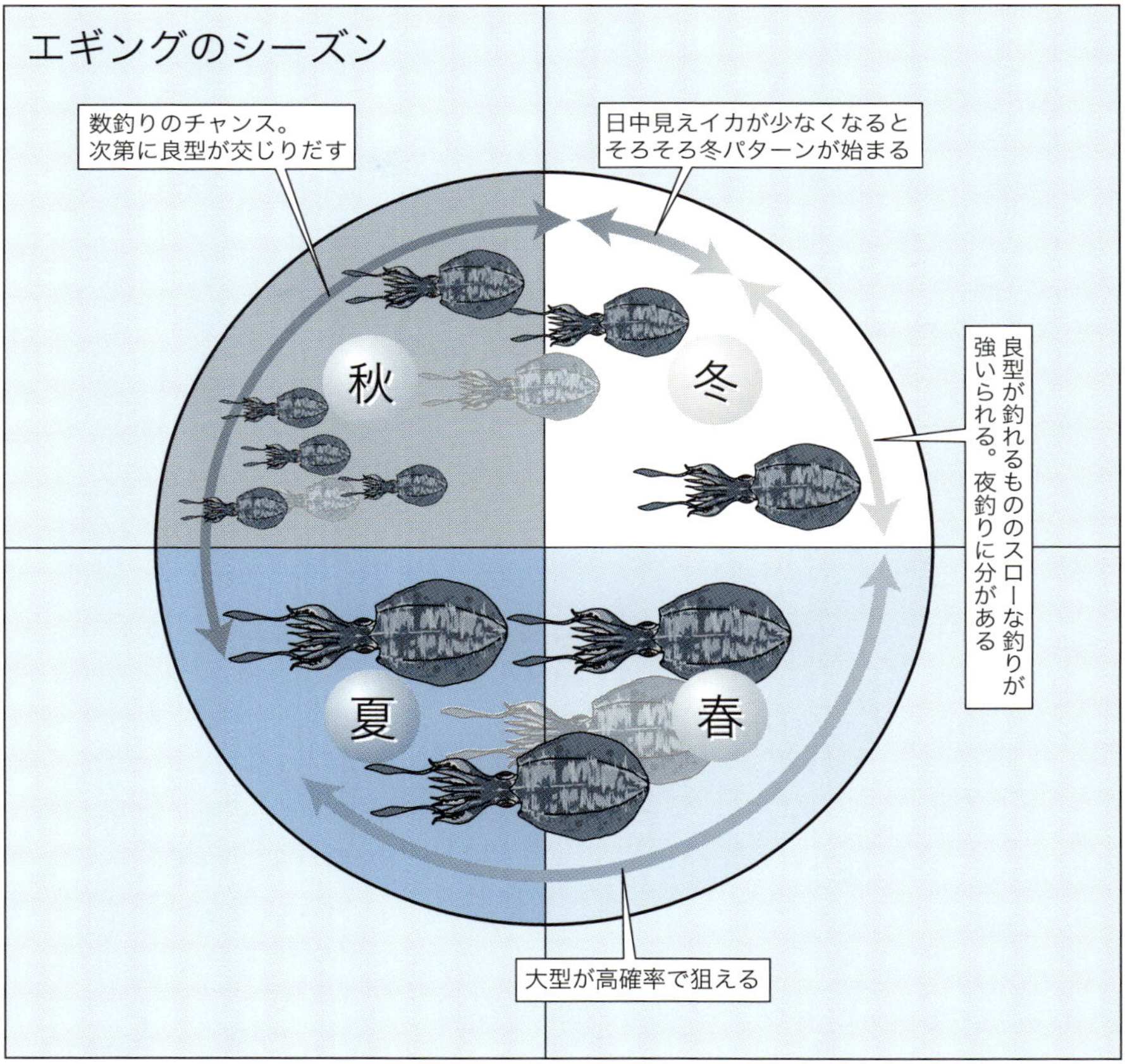
エギングのシーズン
数釣りのチャンス。
次第に良型が交じりだす
日中見えイカが少なくなると
そろそろ冬パターンが始まる
良型が釣れるもののスローな釣りが
強いられる。夜釣りに分がある
大型が高確率で狙える
秋
冬
夏
春

意深く観察しながら歩いていると、水中に漂うアオリイカを発見することも少なくない。

それら目視できるアオリイカを相手に、エギの動かし方や沈め方を研究したり、エギに対する反応を試したり、あれやこれやの具体的なイメージを作り上げておけば、来るシーズンに直接見ることのできない沖合や深場で勝負をかける際、自信を持って挑めるようになる。

そして、最も厳しいのは真夏。

産卵を終えた親イカが姿を消し、代わって登場する子イカも、まだまだエギングの対象となるほどには育っていないからだ。

秋は、小型の数釣りが主体となるが、エギングを覚えるには絶好のシーズンなのである。

10月から11月ごろになると、アオリイカのサイズがグッと大きくなる。アベレージサイズこそ中型であるが、1キロオーバーの良型も交じり始めるのが大きな特徴である。

引き続き見えイカを狙う「サイトフィ

ッシング」も可能だし、良型を狙うこともできることから、一年中で最も面白いシーズンであるといえよう。

## 冬、春はじっくり大型を狙う時期

12月に入り水温が急激に低下すると、アオリイカの姿を目撃するケースが途端に少なくなる。釣り人としては、サイトフィッシングからイメージの釣りに、いやがうえにも切り替えなければならない時期といえよう。

その際、秋からしゃくり方を研究し、練習しながら脳裏に刻み込んできたイメージが威力を発揮する。

エギに対するアオリイカの反応の仕方は、小型でも大型でも変わりはない。エギにアオリイカが接近していることを想像しつつ、沖合のボトム付近でエギを操ればよいのである。

そのイメージを思い描けるかどうかで、粘れる時間の長さが変わり、結果として釣果に差が出ることになるのだ。

水温がすっかり低下すると、アオリイカとの遭遇チャンスはさらに減って、夜間のエギングが圧倒的に有利となる。

日中エギングを身上とする釣り人たちの中にも、このシーズンばかりはナイトフィッシングを主体とする人が少なくない。

数はまったくといってよいほど望めないけれど、良型が釣れる楽しみがある。目標釣果は5杯程度で、目標サイズは1キロオーバーといったところだろうか。

じっと我慢の冬場が過ぎ、水温が上昇し始める春になれば、大型狙いのシーズン到来である。

ただし、秋に比べれば数は少ないし、サイトで狙えるチャンスも決して多くない。どちらかといえば、じっくり大型を狙う時期と考えていただきたい。

このシーズンの狙いは、ズバリ、1キロオーバー。自己記録更新を目指すなら、4月から7月にかけての水温上昇期

秋は数釣りのシーズン。コロッケ、足の裏と呼ばれる小中型が主

春の産卵シーズンは、こんな大型がエギにヒットしてくる

がチャンスである。

注意したいのは、同じ釣り場だからといって一斉に大型が釣れ出し、一斉に終わってしまうわけではなく、何度か、波状的に群れがやってくること。

すなわち、春から夏にかけてのシーズンは意外と長く続くうえ、時期が遅くなればなるほど、大きなアオリイカが釣れるようになるのである。

ベテラン勢の中には1キロサイズでは物足りず2キロ、3キロといった超大型ばかりを狙って初夏の夜磯に通い続ける人もいる。

最大サイズは、5キロ程度。でっかいアオリイカの魅力は、乗った後の走りっぷりと重量感。

2キロオーバーのアオリイカがヒットすれば、20メートルは軽々走る。その魅力に取りつかれ、最近では大型アオリイカを求めて遠征釣行を企てる人も多くなった。

南北に延びる日本列島全体を見据えれば、アオリイカ釣りのシーズンは、やはり周年といえる。

世界エギング奮戦記

# パプアニューギニア・ポートモレスビー

## ライバル出現！　どこから探してきたのかエギを器用に操り、サイトフィッシングでアオリイカを釣り上げている!?

アオリイカの生息域は、思いの他広範囲にわたっている。どちらかといえば暖かい海を好むイカであることは間違いないのだが、02年ごろからは、秋田県、青森県、ついには北海道の函館湾あたりからも、釣果が上がったというハナシが飛び込んできた。

一方、南の海の場合は、以前からアオリイカ釣りが盛んに行われている。いやむしろ、エギングの本場といっても過言ではあるまい。すなわち、日本列島における南限はない。小笠原諸島も琉球列島も、全島に渡ってアオリイカの生息が確認されているばかりか、小笠原諸島からはるか南のミクロネシアあたりでも、結構魚影が濃いことを、ぼくは経験上知っているのである。

そういえば02年の12月に、パプアニューギニアへ出かけた。

PNG（パプアニューギニアの略）の玄関口であるポートモレスビーから国内線でラバウルへ飛び、そこからクルーザーで出船し、船中泊でGT（ロウニンアジ）フィッシングを堪能したのである。

船中泊の船上で、夜、何度かエギングを試してみたが、どうしたわけか乗ってこない。何度か、目の前を通り過ぎるアオリイカを確認してはいたのだが、結局、釣果を得るまでにはいたらなかった。

ラバウル沖合でアオリイカが泳いでいる姿を確認したものの、それだけではPNGにアオリイカが生息していることを、万人に納得してもらうことはできない。

ぼんやり灯るクルーザーの明かりの下を、中型のアオリイカがゆっくり泳ぎ去って行きました、と話してみたところで、「何か別の魚と見間違えたんじゃないの〜っ」と疑われかねないのである。

そこで、ポートモレスビーに戻り離島のリゾートホテルで2泊3日、滞在する間に気合を入れてアオリイカを狙ってみることにした。ディナーショーを見ながら豪華な食事に舌鼓を打った後、エギング用のタックルを手に桟橋へ急いだ。

100メートルほど続く木製桟橋の所どころに明かりが灯っている。歩きながら明かりの下を覗いてみると、海底は概ね砂地で、水深は数10センチと浅いながら、小さな魚がびっしり群れているではないか。

水色は、限りなく透明に近い。桟橋の先端部へ行くと、さすがに水深が2メートルほどと深くなり、よく見れば小さいながらアオリイカが泳いでいるではないか。

すぐにタックルをセットし、相変わらず見え隠れしているアオリイカのやや沖側にキャストをおこない、一度沈めてからしゃくり上げ、鼻面へ運んだところで再びフリーフォールで誘ってみた。

すると、それほど小さなエギを見たことがなかったのか、何の躊躇も見せず、あっという間に抱きつき、フッキング成功。プシュッと吐き出したスミで黒くなった水面から、一気に抜き上げると、紛れもないアオリイカ。色いろ観察してみたが、日本で釣れるアオリイカとの違いは何一つ見つけられなかった。そんなこんなでその日は桟橋先端だけで、5〜6杯をゲット。

翌日も暗くなってから同じ場所へ出かけると、ナント、2人の先客があり、すでに3〜4杯のアオリイカが桟橋の上に転がっている。よく見れば昨夜、ぼくの釣りをじっと見ていた桟橋の荷揚げ作業員たちである。

どこから探してきたのかエギを器用に操り、サイトフィッシングでアオリイカを釣り上げているのである。このライバル出現に、この日は調査もかねて別の桟橋へ行ってみることにした。明かりのない真っ暗な桟橋である。

周囲の水深は50センチほど。ところが、その真っ暗な浅い海に向けキャストを行い、エギをゆっくり引いてくるだけでアオリイカが次つぎにヒットしてくるではないか。

わずか1時間ほどの間におよそ20杯の釣果をあげ、悠々とした気分でホテルの部屋へ引き上げたのだった。

# CHAPTER 02 必要なタックルを揃える!

エギングは元もと、ルアーフィッシャーマンのルアーフィッシング的発想によって始まり、進化してきたゲームである。多くの釣り人がバスロッドやシーバスロッドを使い込むことによって、エギング専用ロッドが生まれ、今ではロッドにとどまらず専用リールが登場するまでになった。さらには、エギング専用ラインにエギング専用バッグ、エギング専用ギャフといった具合に、もはやエギング人気はとどまるところを知らない。

したがって、これからエギングを始めようという釣り人は、これら専用タックルの中から好みのロッド、リール、その他必要グッズを選ぶことによって、手軽に入門を果たすことが可能なのだ。

必要なタックルを揃える!

# リールは2500番クラスで!

PEラインに適したスピニングリールの逆テーパー、浅溝スプールがオススメ!

リールの大きさはメーカーによって異なる。ダイワなら2500番、シマノなら3000番がおすすめだ

## エギングにはスピニングリール

リールには、スピニングタイプと両軸タイプの2種類がある。エギングに使用するのは、キャスティング性能に優れ、トラブルの少ないスピニングタイプ。

小さなエギから大きなエギまで対応できる上、初心者でもほんの少し練習するだけで十分使いこなせるようになるからだ。

また、エギングではメインラインに細い（0.6～1号程度）PEラインを使用することが多いため、両軸タイプのリールではバックラッシュが発生しやすくなってしまう。

## エギングにはスピニングリールを使用する

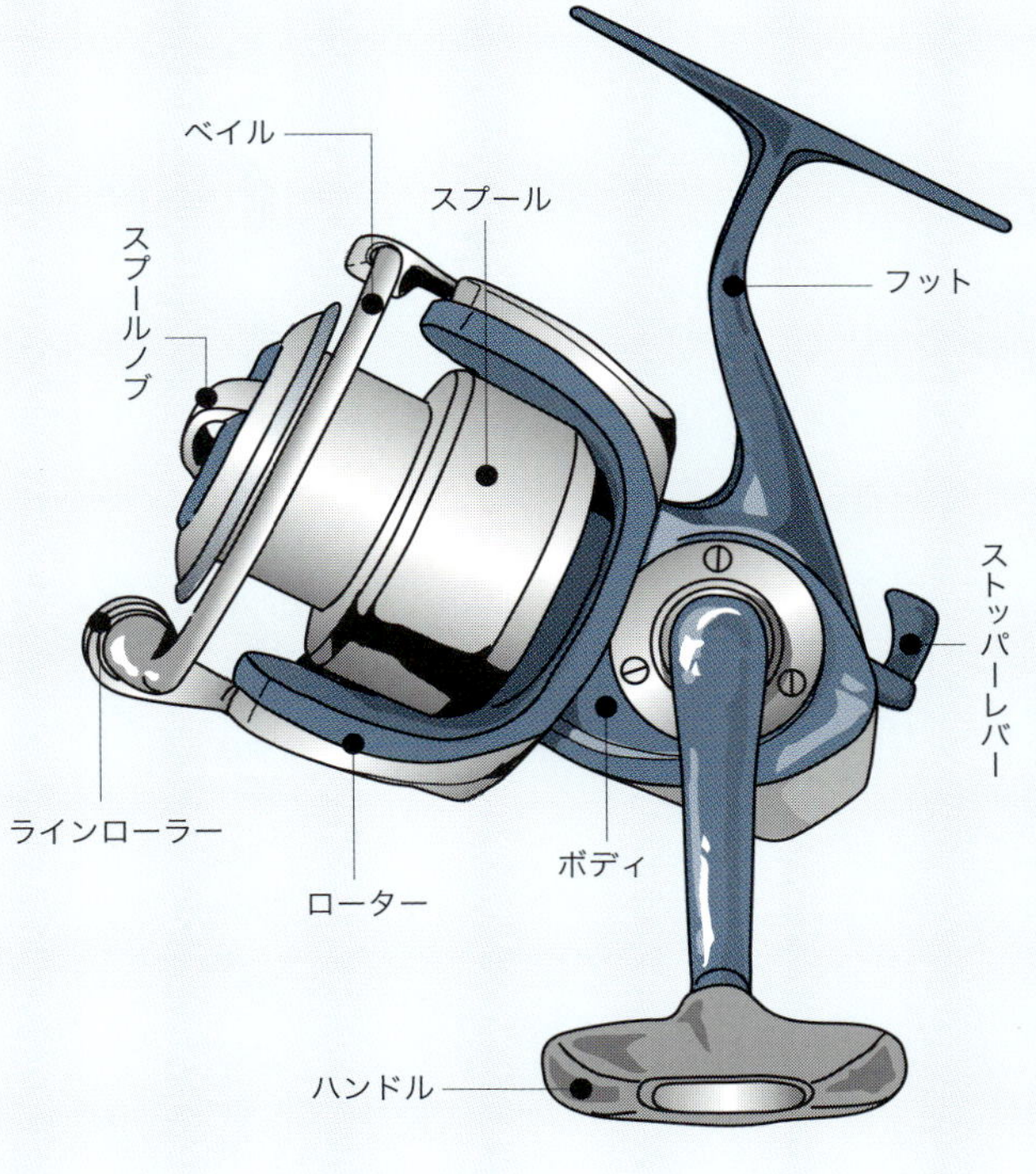

スピニングリールでややこしいのは、メーカーによってサイズの基準がまちまちなこと。

例えば、ダイワの２５００番とシマノの３０００番が同じサイズ。

ちなみにダイワのサイズ基準は、3号ラインを150メートル巻き込めるのが２５００番で、4号150メートル巻きが３０００番、5号150メートル巻きが３５００番、6号150メートル巻きが４０００番という具合に、対応ラインの号数が1号太くなる毎に、番手がひとつずつ上がっていく。

一方、シマノの場合は、番手の最初にある数字の号数のラインが150メートル巻ける、という基準。

すなわち、３０００番なら3号ラインが150メートル、４０００番なら4号が150メートル、６０００番なら6号が150メートルといった具合。

さらにメーカーサイドで、オプションとして浅溝スプールを作って発売したり、標準モデルに浅溝スプールを組み込んで売り出したりしているため、すべてエギング専用のスピニングリールも各メーカーからリリースされている。軽量化は無論のこと、高機能のドラグにPEラインに適したスプールなど、そのスペックは高い。海水での使用を考慮すると防水・防塵能力の高いアイテムを選びたい。また、バランスのよいダブルハンドル仕様なども用意されている。

を理解するのは困難を極める。

ここ（本書）では混乱を避けるため、ダイワのスピニングリールを基準として、話を進めさせていただく。

エギングで使用するリールのサイズは、ずばり2500番。ロッドが7フィートであれ、9フィートであれ、2500番サイズのリールが1台あれば、共用が可能だ。

グレードとしては、最近のモデルで中級クラス以上なら問題ない。

取り立てて大物を釣ったり、極端に重いルアーをしゃくったりするわけではないため、リールに掛かる負担や、求められる性能はそれほど多くないからだ。

むしろ、ライントラブルを未然に防ぐため、PEラインを使うのに適したリールを選ぶことのほうが肝心である。

ナイロンモノフィラメントラインを使うのに適したリールと、PEラインを使うのに適したリールは、明らかにコンセプトが異なるからだ。

では、PEラインを使用するのに向いているリールとはどんなものか。以下、順を追って説明してゆく。

最も大切なのは、スプールの形状。

例えばナイロンモノフィラメントラインを使ってルアーの飛距離を稼ごうとおもうなら、スプールの形状は、スプールエッジの口径が小さく、ライン放出時の抵抗が少ない「順テーパー」（コップを伏せたような形）が向いている。

ところが、同じスプールにPEラインを巻き込んで使用すると、抵抗の少なさが災いしてトラブルが発生してしまう。元もと滑りがよく放出時の抵抗が少ないため、歯止めが利かず、ドバッと噴き出してしまうからだ。

従って、PEラインを使用する際のスプール形状は、コップを立てたような「逆テーパー」がよい。少なくとも、台座とエッジの径が同じ、平行スプールでなくてはならない。

さらに、ラインの巻き過ぎにも気をつけること。ドンピシャに合わせるのが難しければ、やや少なめに収めておけばトラブルは防げる。

できることなら、浅溝スプールを購入

# リールは2500番クラスで！

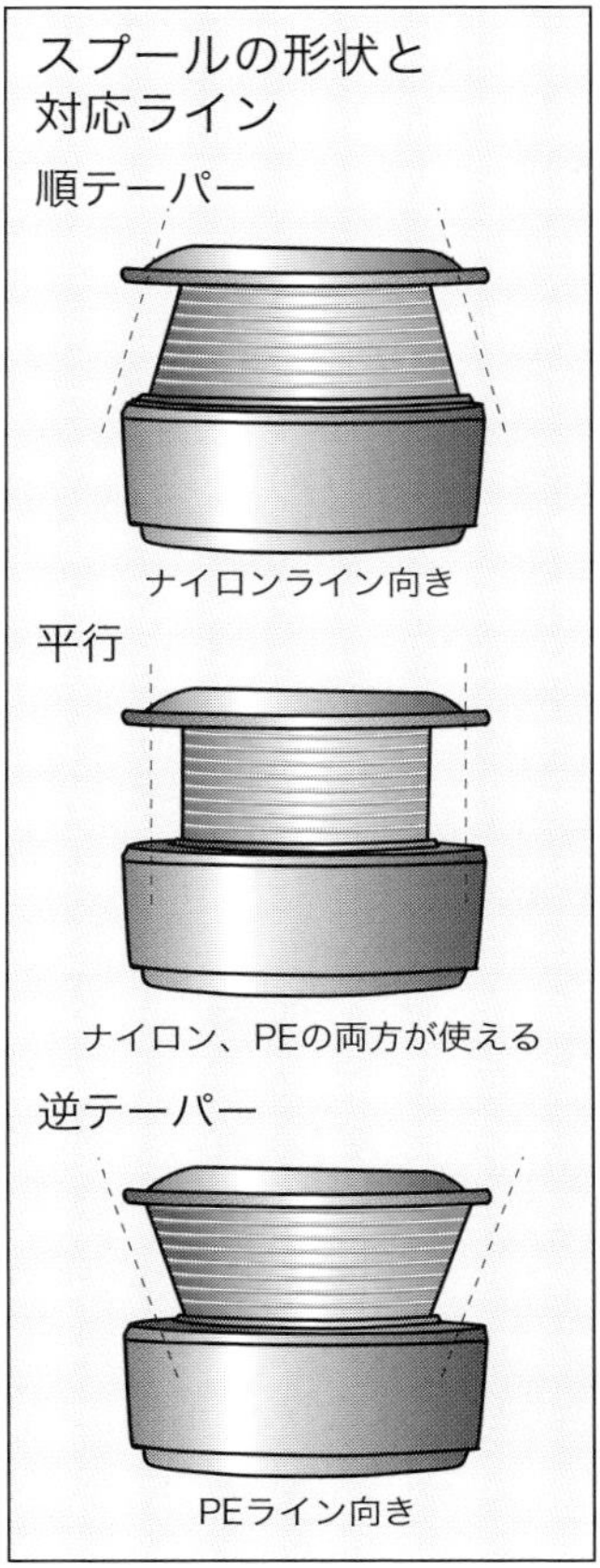


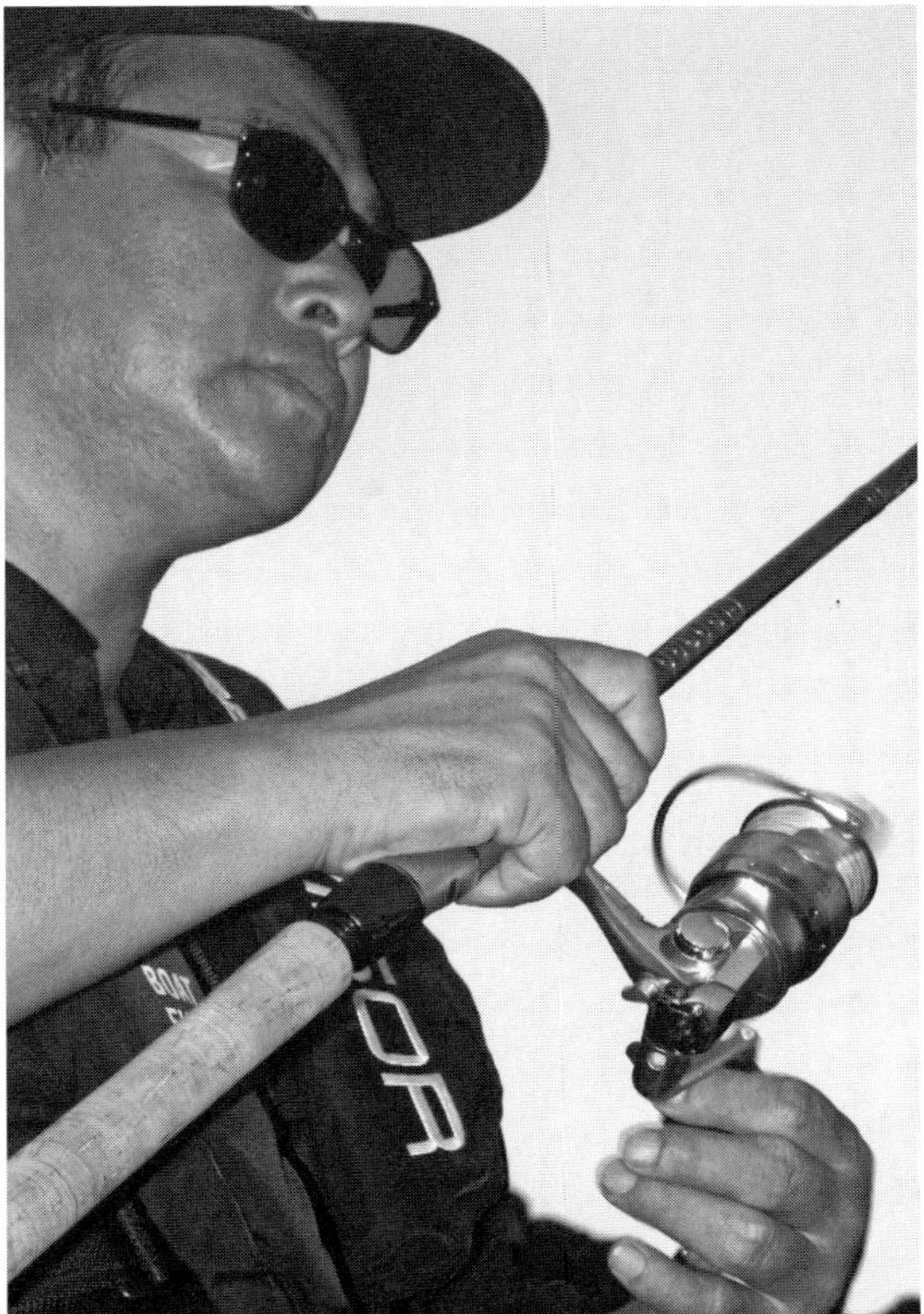

リールは最近のモデルで中級クラス以上なら問題ない。むしろ、PEラインを使うのに適したリールを選ぶこと

し、下巻きをしないで心地よくラインを巻き込みたいものだ。ちなみにダイワの２５００番リールには、「２５０８」と「２５０６」という替えスプールがオプションとして売られている。

「２５０８」の糸巻き量は、ＰＥ１号が200メートル。ＰＥ0.8号を直接200メートル巻き込んでも凹みすぎることはない。「２５０６」スプールの標準糸巻き量は、ＰＥ0.8号が140メートル。ＰＥ0.6号を150メートル巻き込んで使用するのがオススメである。

他にも、スプール内部のワッシャー枚数を調節して、ラインの巻きが下方に偏らないよう十分気をつけること。

あとは、適度にテンションをかけながらきつめにラインを巻き込むことと、太すぎるラインを使用しないことが、ライントラブルを未然に防ぐコツだ。

要は、いくらハイクオリティのリールを購入したとしても、作りそのものがＰＥラインに対応していなかったり、ラインの巻きがいい加減だったりすれば、十分な性能を発揮することはできない。

## 必要なタックルを揃える！

# エギングにはPEライン！

**大きなアクションが決め手となる日中エギングでは、伸びの少ないPEに限る！**

伸びもなく強度もある
PEラインがエギング
を進化させたのだ

### ラインは3種類

釣りで使用するラインには、ナイロンモノフィラメント、フロロカーボン、PE（ポリエチレン）の3種類があって、それぞれ、特徴が大きく異なっている。

ナイロンモノフィラメントラインの特徴は、3種の中で価格が最も安く、伸び率が最大であること。さらに、しなやかで扱いやすいという特徴もある。

低価格で取り扱いが楽となれば、多くの釣り人に支持され、愛用されているのは当然のこと。ただし、エギングに関していえば伸び率の高さが短所となり、使用している釣り人はほとんどいないとい

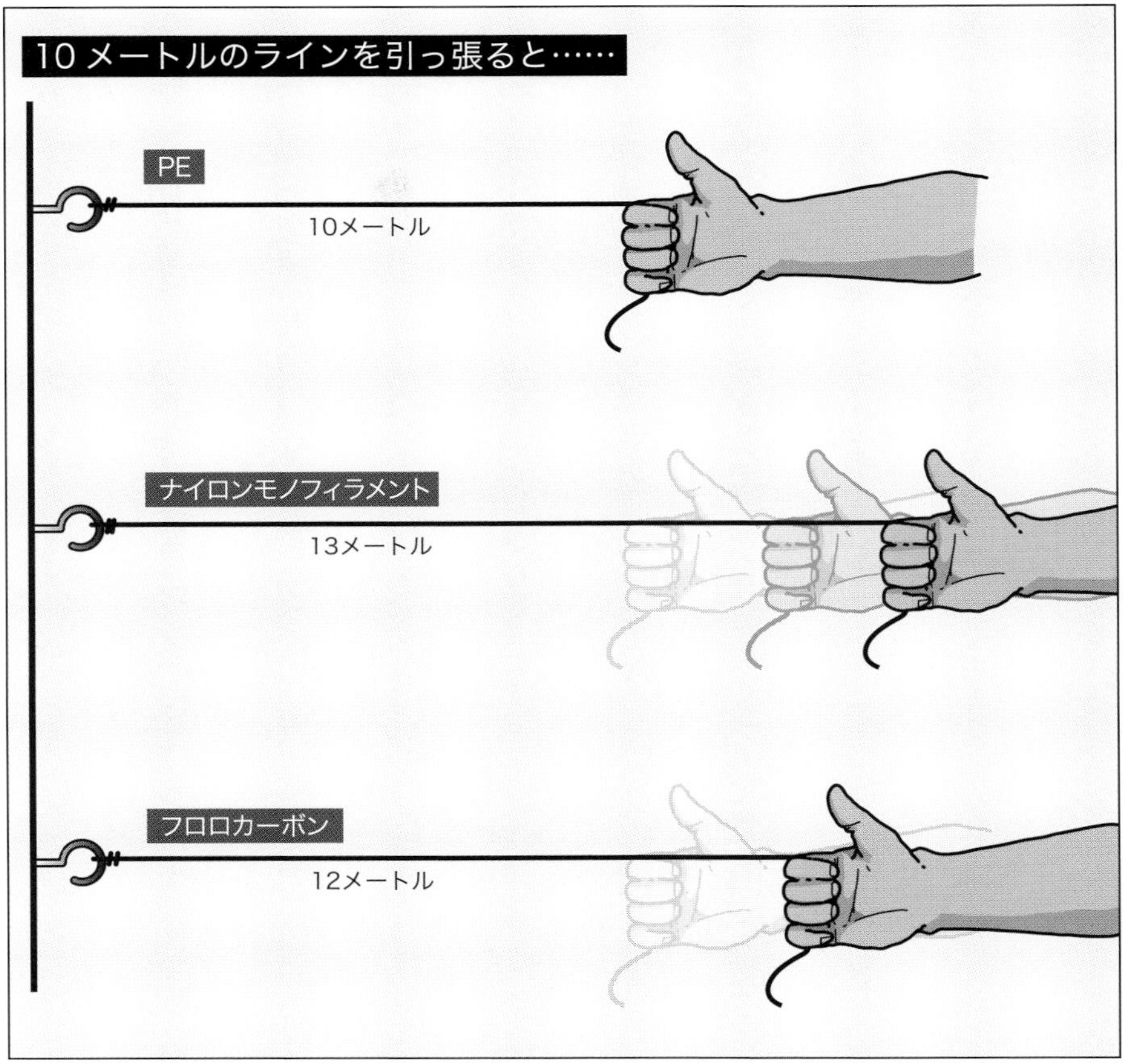


うのが実態である。

ナイロンモノフィラメントラインは、伸びの多さゆえエギングには向かない、と覚えておいていただきたい。

フロロカーボンラインは、ＰＥラインより格段に伸びるものの、ナイロンモノフィラメントラインに比べれば、伸び率はかなり低い。

従って、ごく少数の釣り人がエギングにも使用しているようであるが、オススメはできない。

ちなみにナイロンモノフィラメントラインの伸び率は30パーセント台、フロロカーボンラインが20パーセント台、ＰＥラインは5パーセント以下である。

伸び率30パーセントというのは、グーッと引っ張って行くと、切れる直前には10メートルのラインが13メートルまで伸びているということ。30メートルなら9メートル、50メートルキャストしていたら、15メートルも伸びてしまうことになる。

これでは、ロッドをいくらしゃくり上げたところで、ラインの先のエギはほと

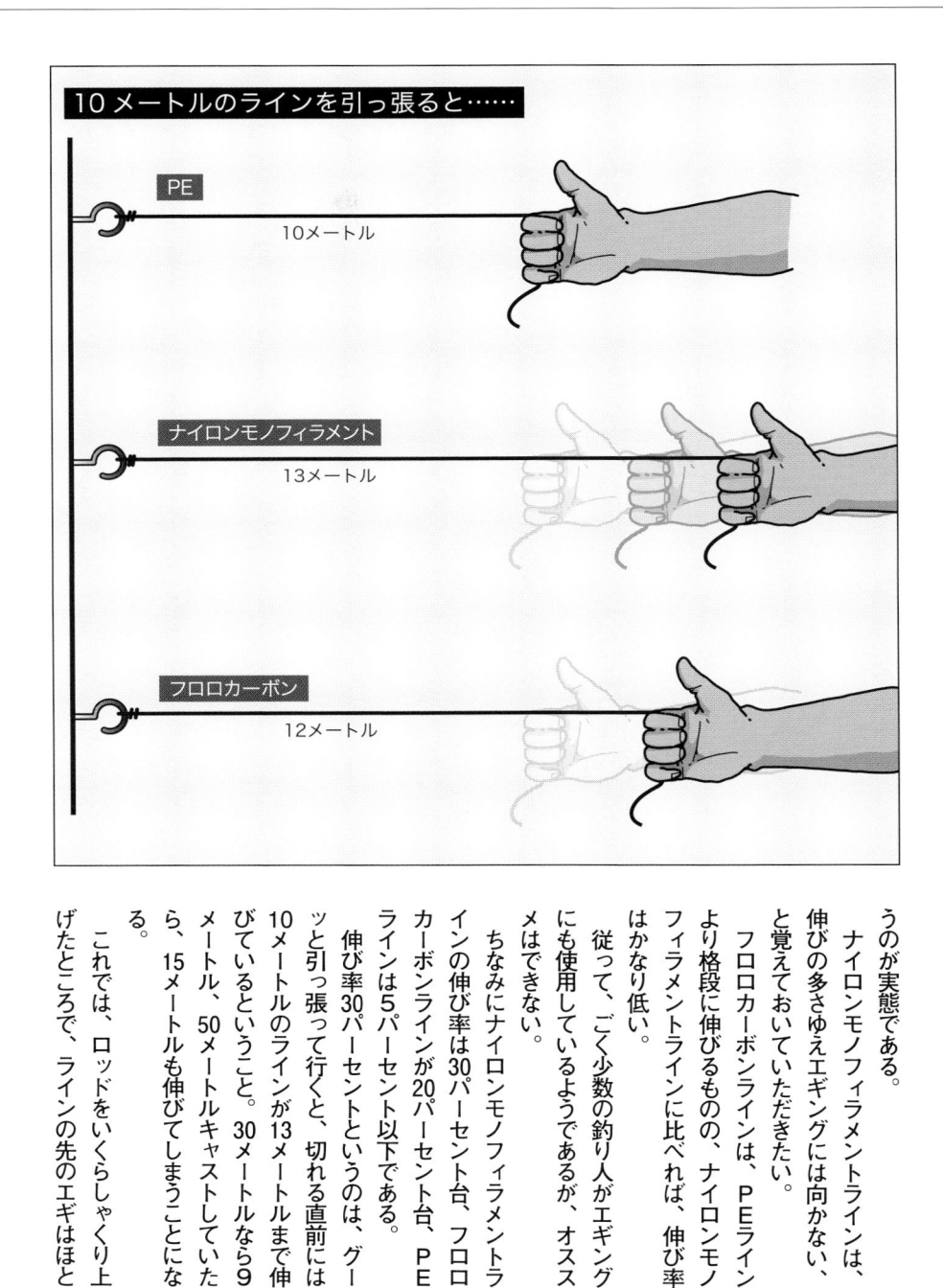

ＰＥラインなら、より細いラインが使用でき、潮流の影響も受けづらくなるため、深場を攻めるボート・エギングにも最適だ

んど動いていないと想像できる。

フロロカーボンラインも、しかり。

エギを遠くへキャストすればするほど、大きな重いエギを使えば使うほど、エギは動かしづらくなってしまうのである。

## エギングにはPEライン

これらの理由から、エギング、とりわけ大きなアクションが決め手となる日中エギングでは、使用するラインはPEに限る。

この、ほとんど伸びのないブレイデッドライン（より糸）は、釣り人がしゃくり上げたロッドの動きを、ラインの先のエギまで正確に伝えてくれるからだ。

逆にいえば、PEラインがあってこそ、最新の日中エギングが成り立っているといっても過言ではあるまい。

使用するラインの太さは0.6号から1号まで。しばしば、「私は初心者だから太目のPEラインをリールに巻き込もうと思ってます」といった類の話を耳にするが、それは大きな間違い。

PEに限らず（PEは特に）、リールに巻くラインは太ければ太いほど、キャスト時のトラブルが発生しやすい。

あなたがもし、多くの経験を積んだベテラン釣り師であるのなら、扱いにくい太目のPEラインを何とかしてなだめすかし、上手に使うことができるかもしれない。

ラインをコントロールするための卓越した技術を持ち合わせていないなら、トラブルの発生しにくい、細糸を使用するべきである。

強さに対する不安を拭い去れないのであれば、1号を使えばよい。PEライン

# エギングにはPEライン！

の1号は、ナイロンモノフィラメントラインの3号（12ポンドテスト）相当の強さがあるので安心である。

商品ごとの特徴の違いは、各社各様の編み方の違いだったり、コーティングの掛けかたの違いだったりする。従って、どのメーカーのどのラインを選んだとしても、極端に性能が異なることは、まずない。バーゲンなどで安く売っているPEラインを見つけたら、思い切って多目に買い込んでおくのも一法だ。

使用するラインは、1号よりも0.8号、0.8号よりも0.6号といった具合に、細いほど有利である。

キャスト時の飛距離が稼げるのはもちろんのこと、風の影響を受けにくく、何よりエギが沈んで行く際の前傾姿勢を保ちやすいからだ。

ほとんどのエギは、フリーフォールで前傾姿勢をとるように設計されていて、その前傾姿勢がアオリイカに対して絶大な効果を発揮する。前傾姿勢を保つためには、抵抗の少ない細糸が有利なのである。

もちろん、PEラインを使用する際は、最大の欠点である結びの弱さをカバーするために、リーダー（フロロカーボン）をつなげておく必要がある。

PEラインとリーダーとの接続は、信頼度の高い複雑な結びから、若干信頼度は落ちるものの簡単にできる結びまで、数多く考えられている。

いくつかを結び方のページにて紹介しておくので、現場で素早くできるようになるまで何度も練習しておいていただきたい。

**【PEライン】**

PEとは「PolyEthylene（ポリエチレン）」の略で、ポリエチレン製の極細糸のこと。その極細糸を数本撚って作られるマルチフィラメントのラインで、伸びがほとんどなく、しゃくりなどのアクションがダイレクトにエギに伝わるのだ。

そしてブレイドとは、撚った糸の本数のことで、多ければ多いほど、より頑丈で高性能なラインとなる。撚り数が多ければ、より細い号柄が使用できため、飛距離が伸びる、潮の影響も受けにくい、より自然なエギの動きを演出できる、などのメリットがある。

6ブレイド

8ブレイド

12ブレイド

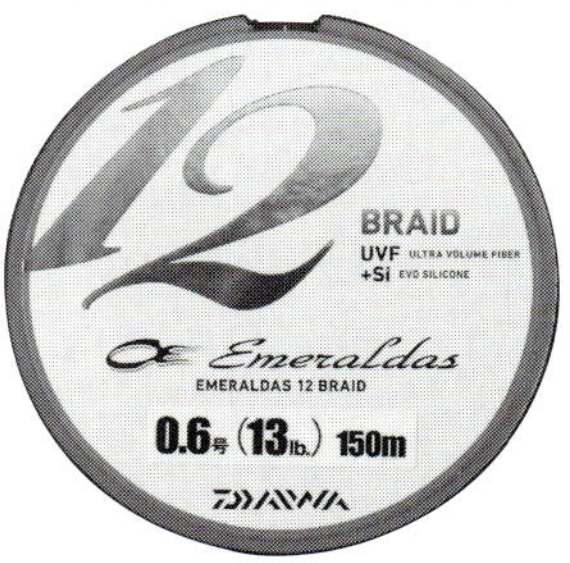

必要なタックルを揃える！

# エギのサイズはこう決める！

**アオリイカの大きさはもとより、スレ具合、水深、風の強さでサイズを見極めろ！**

アオリイカの反応具合や釣り場の水深によって、エギを使い分けるのが釣果アップにつながる

エギのサイズは、市販されているものでおおむね2号から4.5号程度まで。昔は、「号」でなく「寸」というサイズ表記も用いられていたが、現在ではほとんどのメーカーが「号」表示を採用している。

ちなみに「号」と「寸」は同じ意味で使われているため、3号のエギは3寸の大きさ、すなわちボディーサイズが9センチ(3寸)であるということ。従って、大きくなればなるほど重量が重く、小さくなれば軽くなるのは当然のことだ。

これらサイズの違うエギを何種類か持ち歩き、カラーセレクトとともに、状況に応じて使い分けることになる。

一般的なのは、対象となるアオリイカ

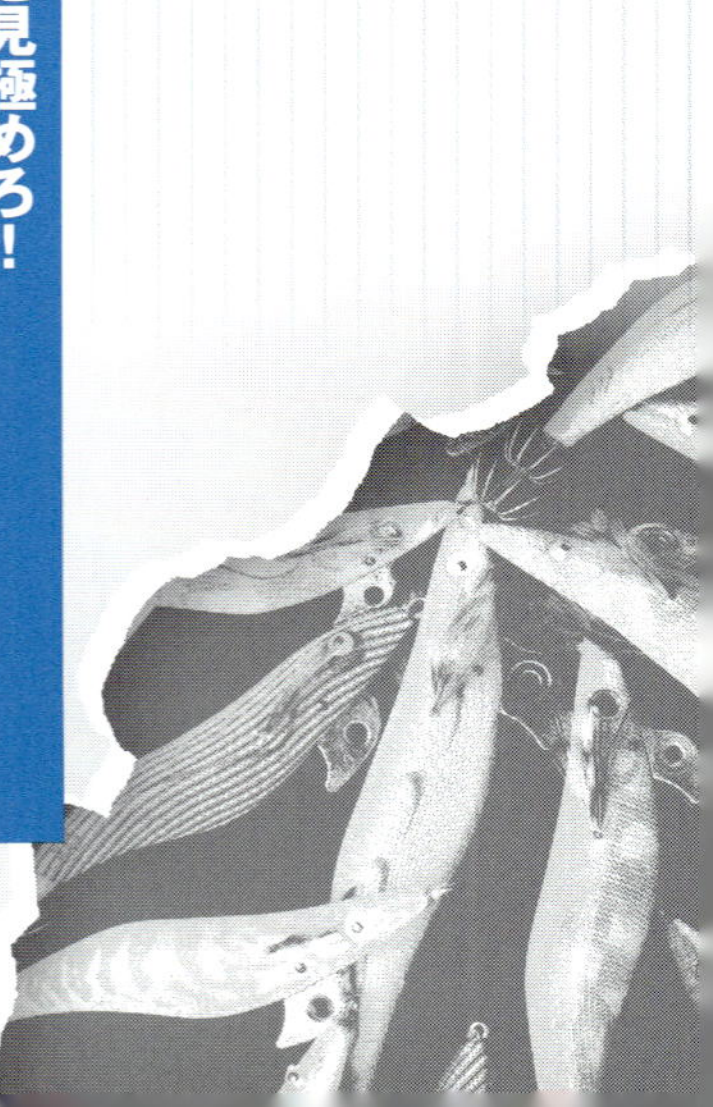

エギに付いたアオリイカの噛み跡。サイズがバッチリ決まり、ガブリと抱き付いた証拠!?

が小さければ小型エギを、大きければ大型エギをといった使い分け方。

例えば、100～300グラム程度のコロッケからトンカツクラスがメインとなる秋は3号のエギを、キロサイズが交じりだす冬は3.5～4号を、大型ベースで時に超大型が飛び出す晩春から初夏にかけては、4～4.5号を、といった具合だ。

もちろんこれは一般的なモデルケースとしての話であるから、各々釣り場ごとに、あるいはその年の状況次第で、実際に使うエギのサイズを決定する必要がある。

失敗が少ないのは、年間を通して3～3.5号をベースにしておくこと。このサイズを使っておけば、小型でも大型でもそつなく釣ることができるからである。

### 追ってきたアオリイカを抱き付かせるためには!?

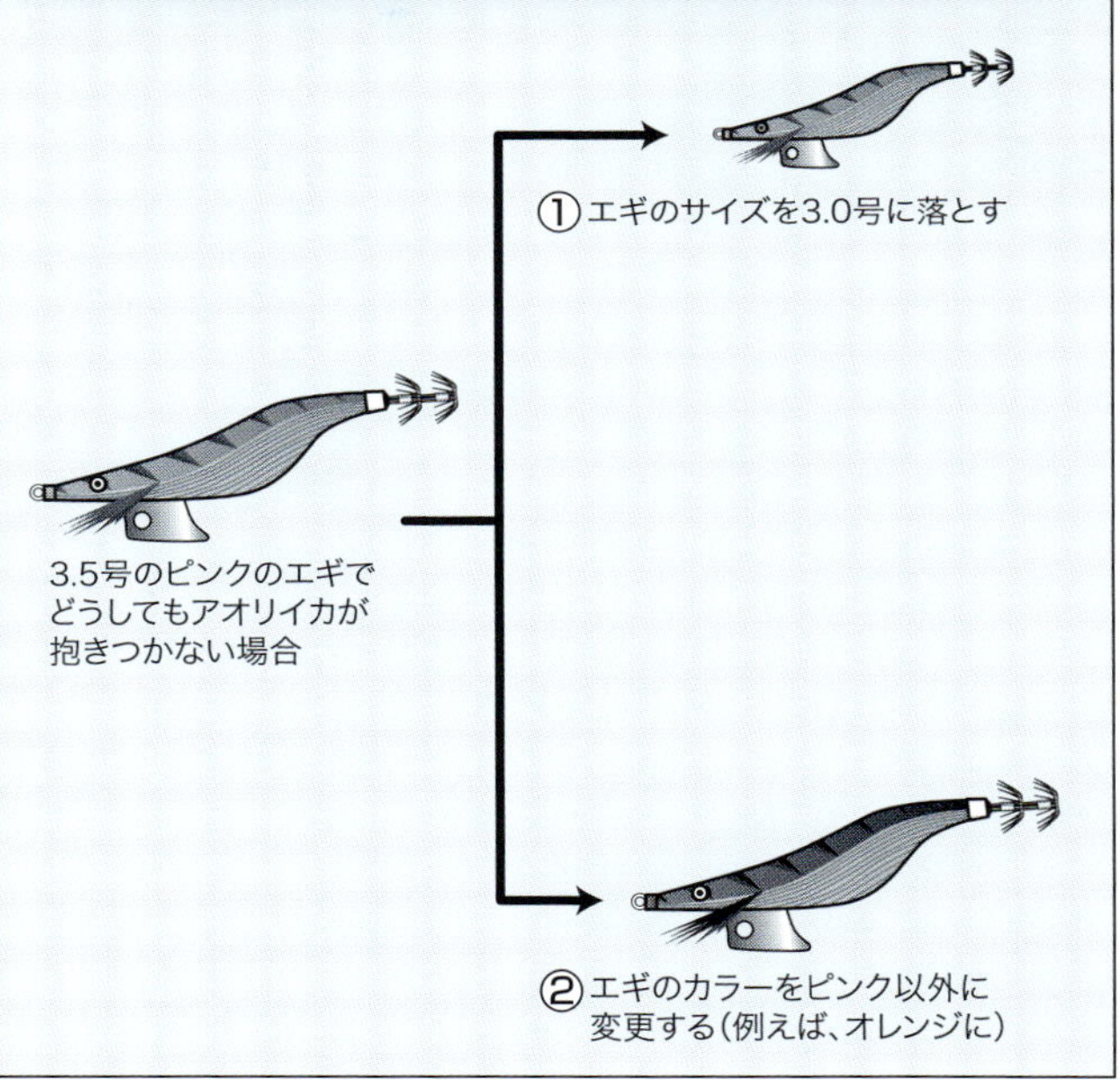
3.5号のピンクのエギでどうしてもアオリイカが抱きつかない場合
①エギのサイズを3.0号に落とす
②エギのカラーをピンク以外に変更する(例えば、オレンジに)

## エギは大きさよりも沈下スピード重視

さて、一般的には、対象となるアオリイカのサイズでエギのサイズを決定する、と書いたが、アオリイカの反応具合によってサイズを選び、好結果につなげるという方法もある。

これは、見えるアオリイカを高確率で釣り上げるための必殺テクニックでもあるため、ぜひとも覚えておいていただきたい。

例えば、3.5号のエギを使ってエギングを開始する。フルキャストしたエギをいったんボトムまで沈め、鋭いしゃくりを繰り返しつつ誘ってくると、エギの後ろにアオリイカがついてきたとしよう。

素直でやる気のあるアオリイカなら、さらにひとしゃくりを加え、そのままフ

秋は3号のエギを、キロサイズが交じりだす冬から春は3.5〜4号を用意しておきたい

リーフォールで沈めてやれば、しっかり抱きついてくるのが普通だ。

ところが、釣り人の増加でプレッシャーのかかった釣り場では、スーッと寄ってはくるのになかなか抱きつくまでいたらないケースが少なくない。

そんなときは、素早くワンサイズ小さなエギに交換し、再び目の前で沈めてやれば、躊躇せず飛びついてくる。

その場合、威力が発揮されたのは、エギのサイズが小さくなったことではなく、エギの沈下速度が遅くなったこと。スロースピードで沈んで行く小さなエギは、アオリイカにとってこの上なく魅力的に見えるようなのだ。

何度か繰り返し、抱きつくことはおろか、次第に反応が鈍くなってきた時は、さらにワンサイズ小さなエギと交換すれば、アオリイカの活性は再び上がる。

3.5号の次は、3号。3号でもダメなら2.5号。2.5号でもダメなら2号といった具合だ。2.5号や、まして2号といった極小サイズのエギを使うことに抵抗のある人は、極小エギの代わりに、軽くて沈下速度の遅い3号エギを用意しておくとよい。

通常よりゆっくり沈むエギを釣具店で見つけるのは難しいが、普通のエギのオモリをニッパーでカットし、作り上げるのは簡単なことだ。

反対に、使っているエギを速く沈めたい場合はイトオモリか、専用のシンカーをオモリに付けてやるとよい。

風の強い日に飛距離を稼ぎたい場合、道糸が風に吹かれエギが思うように沈まない場合、水深が深くてボトムまで沈めるのに時間がかかりすぎる場合、同じく水深が深かったり、潮流が速くてエギの着底がよく分からない場合等など、イトオモリさえ持っていれば、窮地を簡単に脱出することができるのである。

釣り場の水深によってエギを使い分けるケースも少なくない。

例えば遠浅の海岸でエギングを展開する場合。ターゲットとなるアオリイカがキロオーバーの大型揃いだとしても、ポイントまで届くのであれば3号以下のエギが断然有利だ。

水深の浅いポイントで、時間をかけてゆっくり沈め、アオリイカが発見するチャンスと、抱きつくタイミングを作り出してやりたいからだ。

その場合注意しなければならないのは、例え小型のエギであっても、しっかりしたカンナ（ハリ）が付いていること。でっかいアオリイカがせっかく掛かっても、カンナが伸びて逃げられてしまっては元も子もないからだ。

## 【エギの大きさの対比】

（実寸を75パーセント縮小して表示）

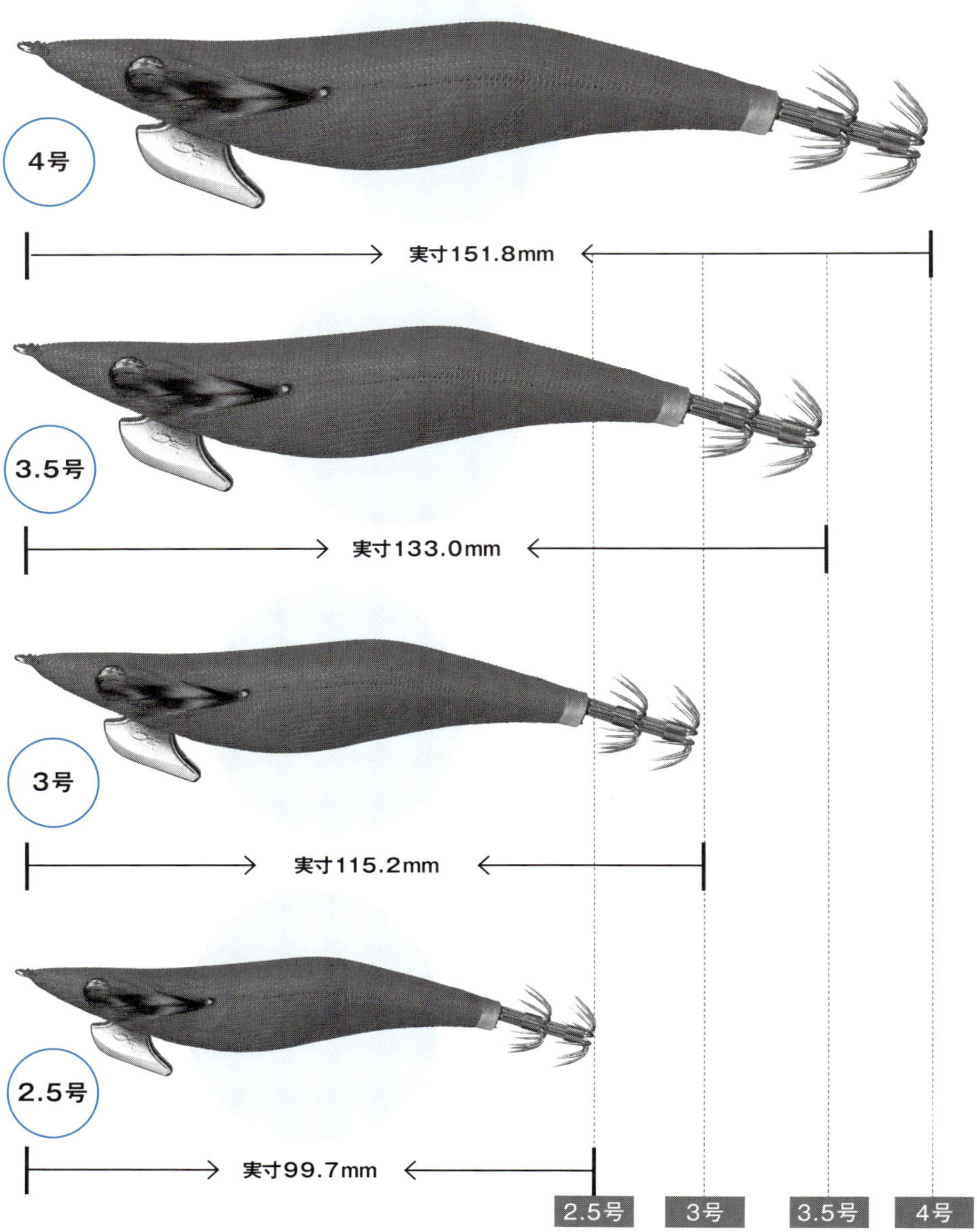


●写真はダイワ「エメラルダス ラトル」。実寸はカンナまでの全長

必要なタックルを揃える!

# エギの基本カラーはピンクとオレンジ!

**基本は見やすいこと。潮色、天候、時間帯でカラーを使い分ける!**

エギのカラーは、まず第1に釣り人が視認しやすいことが大切

## エギのカラーについて

エギのカラーは、実に多彩だ。すべてのカラーの特色を把握し、効果的に使い分けることなど不可能に近い。

ここでは、ぼく自身が実践している、ごくシンプルな使い分け方を紹介させていただくことにする。

昔むかし、今にして思えば驚くほどスローテンポのエギングが行われていたころは、釣果の差はその時どきのエギのカラーセレクトの差であると考えられていた。

これといったアクションのないエギの真価は、カラーによってのみ決まると、

エギは視認性が大事!!
引いてきたエギを1秒でも早く発見し、沈んでいくエギを1秒でも長く確認できるカラーがよい。オススメは、ピンクとオレンジ

まことしやかに語られていたのである。

その後、突如として日中エギングがブームとなり、鋭くしゃくってエギに動きを与える釣り方がすっかり定着した。それに伴い現在では、カラーへの依存度が急激に低下した、といってしまってもよいのではないか。

少なくともぼくは、日本中のあらゆる釣り場、すべての季節、すべての時間帯を、概ね2色のエギの使い分けで乗り切っている。

重要なのは、カラーセレクトよりも、しゃくり方やフォールのさせ方にあると考えているからだ。

もちろん、だからといって、カラーにまったく関心がないわけではない。ルアーフィッシング同様、時にはカラーによる釣果の差が、歴然と現れることもあるからだ。

それでも、あえてぼくが2色のカラーで通しているのは、エギングゲームのややこしさをできるだけ整理し、シンプルに組み立てたいため。

太い幹さえ作り上げてしまえば、どれ

だけ枝が増え、葉が茂ろうとも、自分の釣りを見失うことはないからだ。

とかく、細かいテクニックや微妙なカラーセレクトの効果ばかりが取り沙汰されやすい昨今、エギングがシンプルな釣りであることを、エギのカラーバリエーションに惑わされすぎてはいけないことを、多くの釣り人たちに知っていただきたいのである。

## 釣り人が見やすいカラーセレクト

ぼくが常に携行している2色とは、オレンジとピンク。

どちらも派手なカラーであるが、基本としているのは、できるだけ見やすいカラーのエギを使うこと。

具体的には、日中のピーカン時や潮色が澄んでいる時はピンク系を、潮が濁り気味の時や朝夕のマヅメ時、あるいは夜間のゲームでは、主にオレンジ系を使用している。

オレンジ系とピンク系のエギがあれば、とりあえず日本中、世界中、どこの釣り場へ行っても、どんなタイミングでエギングを展開するにもぼくは困らないのである。

その2色とて、オレンジとピンクでなければアオリイカが乗ってこないから、ということではなく、ただ単に、釣り人側から見やすいから、という単純な理由にすぎない。

遠くからしゃくってきたエギを、少しでも早く発見し目視できることや、フリーフォールで沈めていくエギを少しでも長く目で追い続けられることは、明らかに釣果に影響を与える。

エギの動きを直接目で見て監察したり、エギを追ってきたアオリイカをいち早く発見し、素早くエギをフォールさせ抱きつかせることができるからだ。

ともあれ、2色が基本となっていることを、最初に覚えておいていただきたい。

そのうえで、さらなるバリエーションを加えていけば、釣果はさらにアップする。

例えば、同じオレンジカラーの中にも、下地がゴールドであったり、シルバーであったり、レインボーであったりといった具合に、数え切れないほどのバリエーションがある。

ぼくのお気に入りは、ゴールドベース

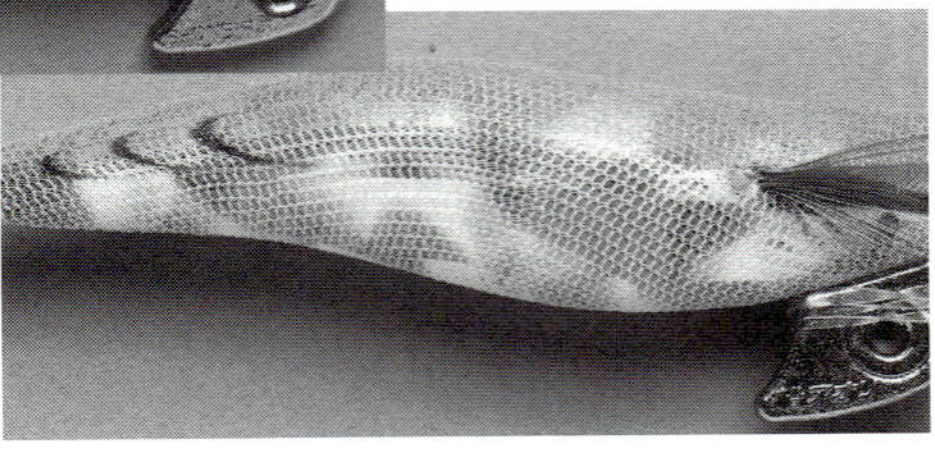

エギのカラーは背の色が基本となるが、腹側の色や下地の色など違ったアイテムがある。上がゴールドベースのピンクカラー。下がレインボーベースのオレンジカラー

## エギの基本カラーはピンクとオレンジ！

とレインボーベース。さらには、背中がオレンジで、腹側に夜光塗装が施されているものや、テール部分のカラーを変えているものもある。夜光塗装が施されたものなどは、日中使用することはほとんどないが、ナイトエギングの際には持っていれば心強い。

かように、ひと口にオレンジカラーといっても、下地や腹のカラーとの組み合わせまで考えてゆけば、それだけでも頭は混乱する。

さらに、ピンク系であれこれを加え、それぞれのサイズ違いを揃えてゆけば、それだけで相当数のエギが、キャリーバッグに納められることとなる。

もちろん、だからといって、色いろなカラーのエギを使うのは無駄かといえば、そんなことはない。

エギが擬餌である以上、同じ場所で同じエギを使い続ければアオリイカの反応が次第に薄れ、やがてはまるで反応しなくなる。

そんな時は、カラーチェンジで目先を替えてやるのが、効果的で手っ取り早い。何色か、別カラーのエギを持っていれば、それだけ手の内が多くなるのである。

**【ピンク系バリエーション】**

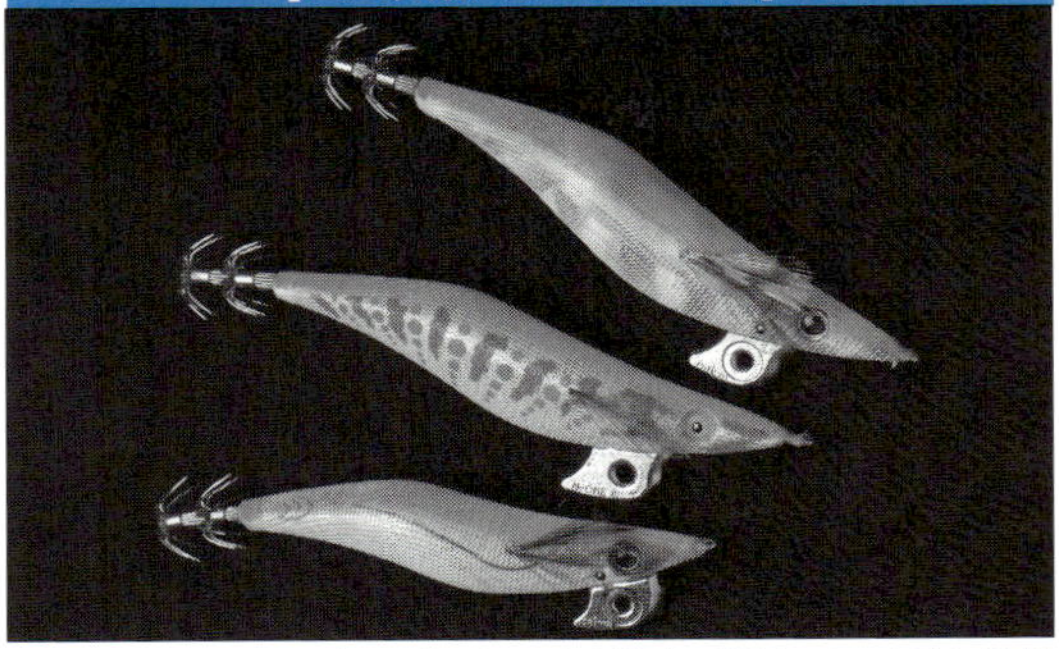

ピンクカラーは、日中のピーカン時や潮色が澄んでいる時に使用する

**【オレンジ系バリエーション】**

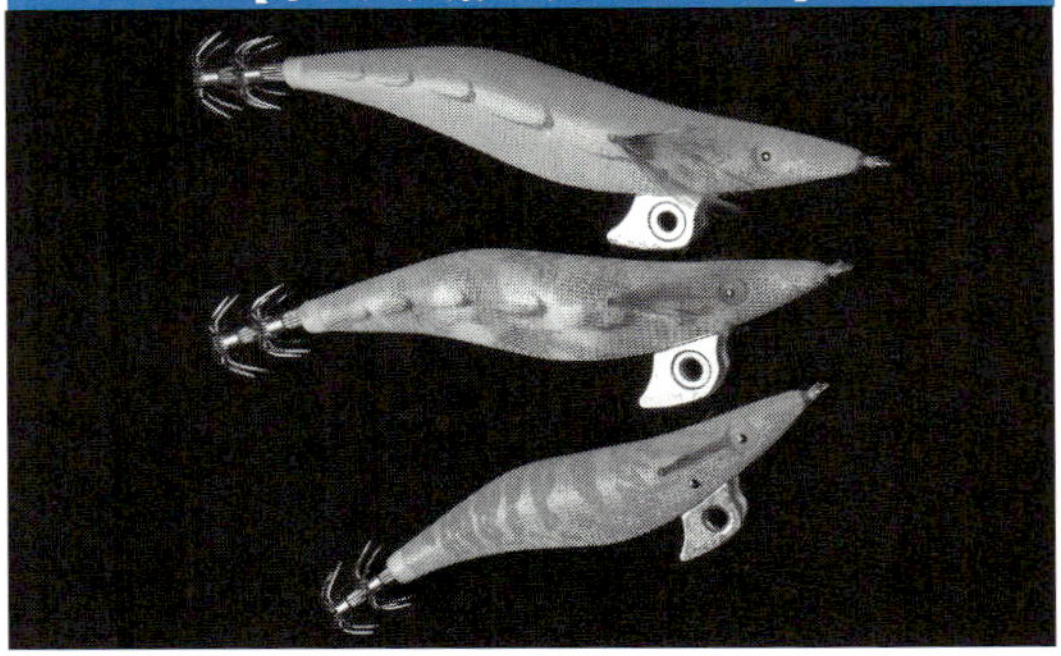

オレンジカラーは、朝夕のマヅメ時、あるいは夜間のゲームで使用する

**【その他のカラー】**

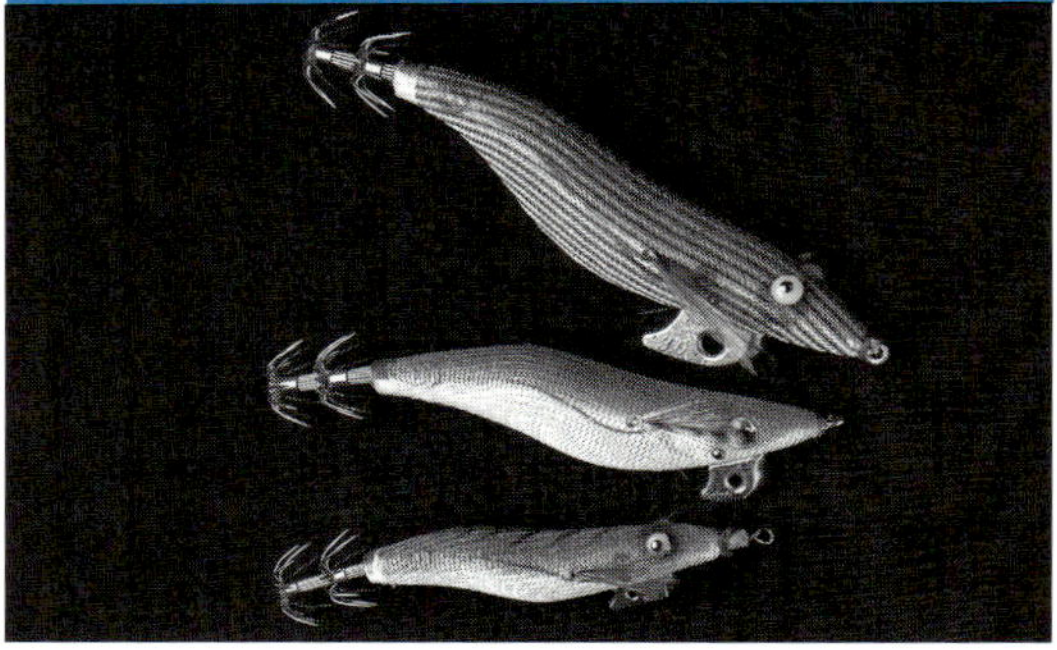

基本のカラーバリエーションで反応が薄れてきたら、カラーチェンジで目先を替えてやるのが効果的

必要なタックルを揃える!

# 釣り場に持参したい小物たち【1】

エギングのスタイルを考える。基本的には動きやすく、安全な装備だ!

## ■ギャフorネット

できればネットではなくギャフがよい。持ち運びがかさばらなくて便利なうえ、取り込み時、ネットに比べてアオリイカが驚きにくく、すんなり取り込むことができるからだ。

タイプとしては、カバー付きのコンパクトに収納できる商品に人気が集まっている。柄は、小継ぎの振り出し式で、長さは4～5メートル。たすき掛けに背負えるよう、ショルダーベルトが付いていると便利だ。

## ■偏光グラス

日中エギングにおいて欠くことのできないアイテムのひとつ。

これがなければ釣果が半減するといっ

▲掛かったイカを取り込むためのアイテムがギャフ。携帯性のよい小継ぎタイプの柄とセットで使用したい
◀ギャフを掛けるなら、エンペラ周辺がおすすめだが、馴れないと難しいので気にせず確実に取り込める所に掛けたい

てしまってもよい。とりわけ、サイトフィッシングが主体となる秋は、重要度が高い。もちろん春も、海藻のある位置や海藻のはえ具合の確認や、その周辺に保護色でいるアオリイカを発見するのに欠かせない。

極めて重要なアイテムであるため、信頼度の高いメーカーの製品を選ぶこと。

品質の悪い偏光グラスは、海面の反射が遮れずアオリイカが発見できないばかりか、極端に目が疲れたり、場合によっては視力を低下させる原因にもなる。くれぐれも注意して選んでいただきたい。

元もとメガネをかけている人は、メガネの上からすっぽり被せるようにかけられるオーバーグラスか、度付きの偏光グラスを使用することになる。

レンズのカラーは、人によっても好みが分かれるようであるが、ぼくのおすすめは、濃いめのブラウン。マヅメ用に明るいカラーも持っていると便利だ。

### ■帽子

最近、帽子を被っていないルアーフィッシャーマンを多く見かけるが、ルアー

## 不要な日光を遮断する帽子と組み合わせて偏光グラスを使用したい

フィッシングにおいて帽子は欠かせないアイテムのひとつだ。

第1に、いくら偏光グラスをかけていたとしても、レンズの内側から光が差し込んでしまったのでは、偏光の威力が極端に低下してしまう。

おでこに両手をかざして光を遮り、水中を覗き込んでいる人をちょくちょく見かけるが、帽子を被っていればすむことである。

さらに、安全面でも帽子は不可欠。勢い余って飛んできたルアーが、帽子のつばに当たって危うく難を逃れた人をぼくはたくさん知っている。

逆に、帽子をかぶっていなかったために、頭部にぐさりとフックが刺さってしまった人も知っている。

ルアーに比べればエギの危険度はかなり少ないが、足元まできていることに気付かずおもいきりしゃくって、エギが勢いよく手前に飛んでくるのは珍しいことではない。

帽子を被る習慣を身に付けておきたいものである。

### ■スパイクシューズ&ブーツ

フローティングベストが万が一落ちてしまったときの備えなら、スパイクシューズは落ちないための方策。

足場のよい、水が被ることのない堤防で釣りをするなら、履き慣れたスニーカーでも問題はない。ノリの付着した堤防や磯、消波ブロック上から釣りをする場合は、滑り止めの付いたシューズが必要である。

スパイク底のシューズタイプ、またはニーブーツタイプの2通りあるが、汎用性が高いのは、ニーブーツタイプ。多少水に立ち込むこともできるし、雨の日にも足元が濡れずにすむ。オススメはソールがフェルトスパイクのもの。クッション性があって疲れにくいし、堤防上を歩いても静かでアオリイカに無用の警戒を

日中エギングでは必携のアイテムが偏光グラス。天候によって濃いカラーと明るいカラーを使い分けるとよい。

安全面と、偏光グラスの効果アップのためにも必ず装着したいのが帽子。特にキャスト時やしゃくった時に誤って飛んできたエギから頭部を守ってくれる。

# 釣り場に持参したい小物たち【1】

されずにすむ。

できれば、ソールの交換が可能なタイプが経済的だ。陸っぱり主体のエギングでは、ブーツ本体に比べソールの痛みが早いからである。

## ■レインウェア

雨の日はもちろん、肌寒い日のアウターとしても重宝する。動き回ることが多いため、できれば中にたまった水蒸気を放出できる、通気性の高い素材の製品を選びたい。

値段は少々高めだが、ゴアテックス素材のレインウェアがオススメ。快適なレインウェアは、雨の日をも快適にしてくれるからだ。

フリースなどの防寒着を中に着込めば、冬も使用することができる。ちなみにゴアテックス素材の防水性能が、すぐに低下してしまうという嘆きをしばしば耳にするが、多くは使用者の勘違いによるケースが多い。

購入して間もないレインウェアを着て雨に降られると、ウェアの表面で雨が弾かれる。何度か使用しているうちに、次第に雨が弾かれなくなり、やがて表面にベターッと染み込んだようになる。

その状態を指して、防水性能が落ちたと判断するのは大きな間違い。それは、ウェアの表面に施した「撥水加工」が落ちただけのこと。

ちょうど、車のワックスが利いている間は雨が粒のようになって弾かれているのに、ワックスが落ち始めると、ベターッとしてくるのと同じこと。

ワックスが落ちた車のボディから雨が染み込んでこないのと同様、ゴアテックス素材も、撥水効果が落ちたからといって、雨が染み込んでくるようなことはないのである。撥水効果を復活させたいなら、フッ素系の撥水スプレーを全体にまんべんなく吹き付け、最後に軽くアイロン掛けをしてやればよい。

磯場などに釣行する時は必ずスパイクブーツは装着していくこと。フェルトスパイクが滑らずオススメ。

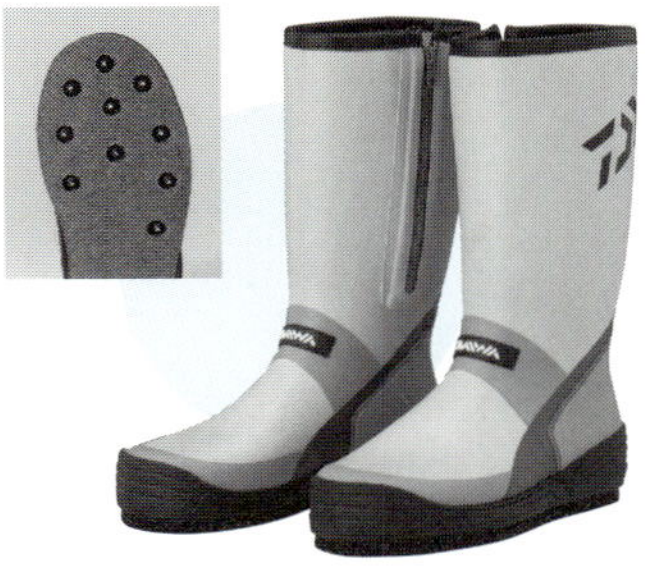

夏場などはシューズタイプが履きやすい。

レインウエアは、雨を防ぐだけでなく、ちょっと肌寒い時のウインドブレーカーとしても役立つ。

必要なタックルを揃える！

# 釣り場に持参したい小物たち【2】

確実に装備したいフローティングベスト。実は、小物の収納にも重宝するのだ！

## ■フローティングベスト

安全面という点においては、最も欠かせないのがフローティングベスト。

堤防以外は絶対行かない、という人なら膨張式でも問題ないが、磯や、サーフでも釣るという人は、発泡材の入ったフローティングベストを選ぶべきだ。

まかり間違って磯から転落してしまった場合、膨張式はゴムボート同様、磯の角やフジツボなどの貝類で破損し膨らまないケースが考えられる。

その点、フローティングベストは安心だし、転落の際のクッション効果も期待できる。動きにくいというデメリットもあるが、ここは安全を最優先に考えておきたいところ。

**【フローティングベスト】**

**釣り人が落水してしまった時に浮いているための救命胴衣。おすすめは浮力材内臓タイプ。小物も多く収納できる。装備されている股ヒモは必ず装着すること。磯釣り用のアイテムも十分活用できる。**

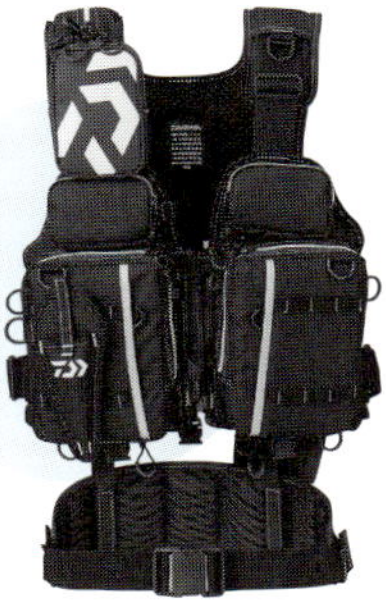

安全に釣りを楽しむためにも、磯、堤防を問わずフローティングベストとスパイクブーツは必需品だ

ベストのポケットをうまく利用し使い慣れてしまえば、かえって便利だし、違和感はまったく感じなくなってしまうものだ。考えようによっては、車のシートベルトみたいなものである。

## ■リーダー

予備のリーダーは、必需品。

フロロカーボン製の専用リーダーも発売されているが、根ズレに強いフロロカーボン製でありさえすれば、高価な製品にこだわる必要はない。

太さは、2号か2.5号が一般的である。中には1.7号を使うエキスパートもいるが、大き目のエギを無造作に強くしゃくると切れてしまうこともある。

安心して使えるのは2号以上。逆に、ラインの品質に不安がある場合は、太目の3号でもよい。太目のリーダーを使う場合は、全長を短めにしておくと、太いリーダーゆえのデメリットをカバーすることができる。

## ■シンカー（オモリ）

エギの重さが足りなくて飛距離が延びない時や、水深がありなかなかボトムま

## 【シンカー】

**手持ちのエギでは攻められない深場や、飛距離を出したい時など、エギにセットするだけで対応できるアイテムが追加シンカーだ。**

エギのオモリ部分に空いた穴に通して使用するタイプの補助オモリ

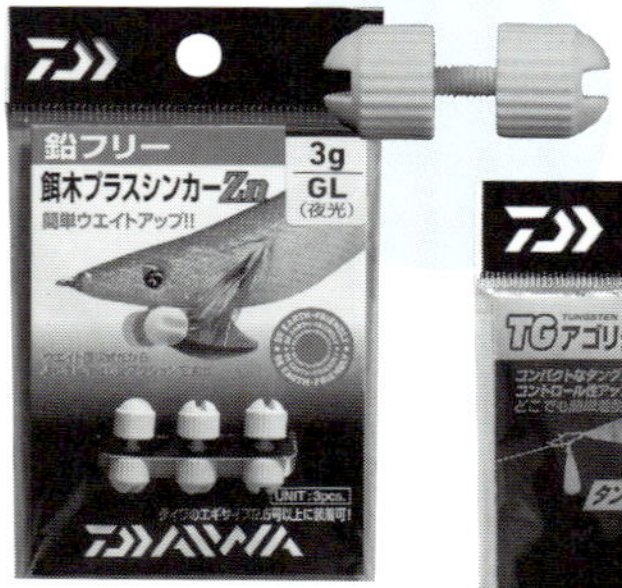


ラインアイやスナップに直接セットできる補助オモリ

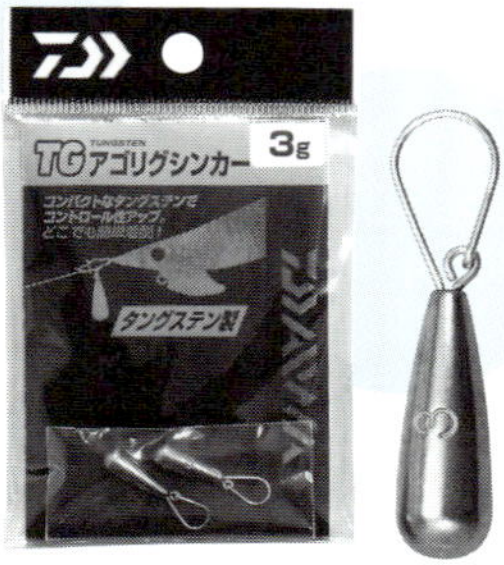

こちらはイトオモリ。細い鉛をエギに巻いてシンカーにする

## 【リーダー】

**PEライン使用時には必ずリーダーを結ぶこと。太さは2号か2.5号が一般的だが、使用するPEラインの太さで調整したい。フローティングベストのポケットに入れておくと取り出しやすい。**

で到達しない場合、あるいは風が強かったり、流れが速かったりした場合に使用する。

　特定のエギにセットできるメーカー独自のシンカーや、スナップ式でどのエギにも使用できるアイテムも用意されている。一般的なのはレッドワイヤー、すなわちイトオモリ。エギ専用というわけではなく、ごく普通の釣具店で販売されている。

### ■スナップ

　リーダーの先に結んでおき、エギのアイに引っ掛けて使用する。

　元もとのエギは、アイの部分がヒモ状だったため、スナップの必要性は少なかったが、最近のエギはほとんどすべての製品がワイヤー製のアイになっているため、スナップが欠かせなくなった。

　サイズは、1号。中にはいつの間にか簡単に開いてしまい、しゃくっている最中にエギが外れてしまったりする製品もあるので、信頼できるメーカー品を購入すること。

　意外と数多く使うので、多めに購入

# 釣り場に持参したい小物たち【2】

## 【スナップ】

**リーダーの先に結んでおき、エギのアイに引っ掛けて使用する接続具。エギの交換がスピーディーに行える。スイベル付きは糸ヨレ防止にも役立つ。**

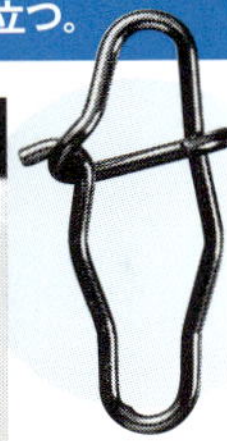

取り付けやすく、外れ難いスナップ形状をしている

スイベル付きのタイプもある

便利な小物たちを活用すれば、タックルのセットアップもスピーディーにこなせる

## 【カッター、ハサミ、プライヤー】

**PEラインはより糸のため切れにくく、専用のカッター、ハサミがあると便利。ピンオンリールでフローティングベストに付けておく。プライヤーは小型で軽いアイテムがおすすめ。**

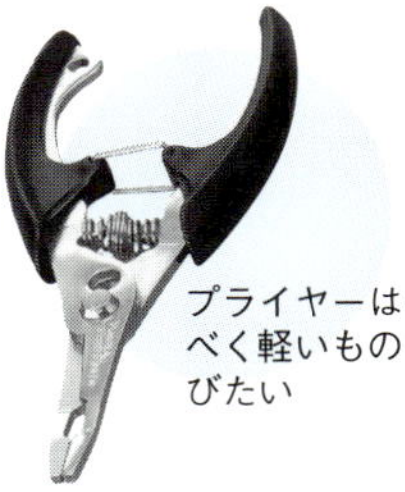

プライヤーはなるべく軽いものを選びたい

ピンオンリール付きのラインカッターはフローティングベストに取り付けておくと便利

切れにくいPEライン専用のハサミもある

し、バッグの中に忍ばせておくとよい。

### ■プライヤー・ハサミ

ラインシステムを作り直したり、スナップを結んだりした際に、ラインやリーダーの端をカットする程度なので、ハサミやラインクリッパーがあれば用は足りる。プライヤーを持ち歩く場合は、小型で軽い製品がよい。

### ■ターボライター

ラインを結んだ後に、端を処理するためのもの。なくてもよいが、PEラインの端はほつれてきやすいため、できることならライターの火で処理しておいたほうが安心。

現場で使用するには、ターボライターがよい。最近は、コンビニなどでも安価な製品が出回っている。

ラインの切り端を処理するなど、仕掛け作りに便利なターボライター

アオリイカを仕留めるエギを収納するバッグ、釣れたイカを保冷するクーラー、エギングに必要なアイテムも色いろある

必要なタックルを揃える!

# 釣り場に持参したい小物たち【3】

エギを収納するキャリーバッグに、その他エギングに欠かせないアイテムたち!

## ■キャリーバッグ

エギング専用のキャリーバッグが各社から発売されているので、気に入ったものを購入するとよい。

タイプとしては、エギを直接入れて素早く取り出せるものと、種類ごとに整理して納めたフォルダを、いくつかまとめて入れ込むものがある。エギを大量に持参したい人は後者、シンプルにいきたい人は前者が使いやすい。

ウエストバッグやショルダーバッグを利用し、フックカバーを被せたエギを放り込んで使用するという手もある。いずれにせよ、エギをはじめ、必要なものはすべて身に付けるのが基本。

ついつい大荷物になりやすいが、コン

## 【キャリーバッグ】

**エギを収納するバッグには直接入れるタイプと、エギを納めたホルダーを収納するタイプに分かれる。エギ以外の小物や、釣果を納めることもできるアイテムも用意されている。**

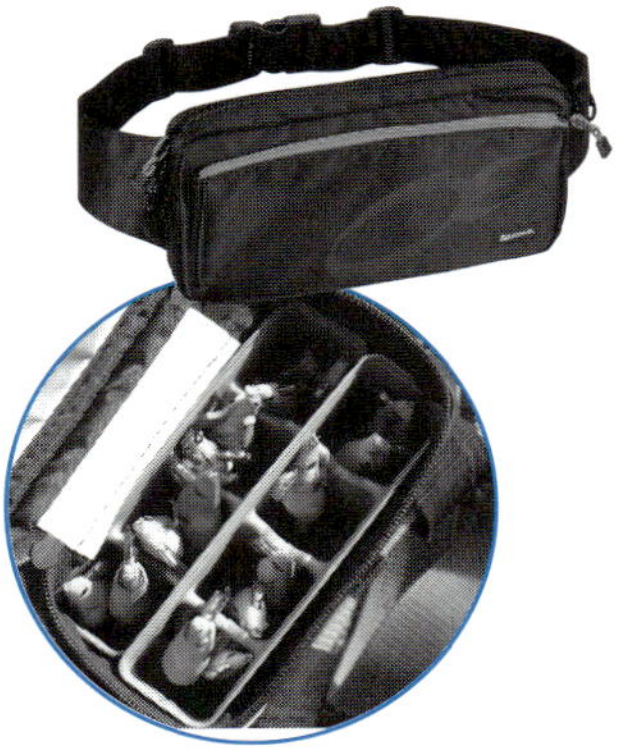

バッグの中に直接エギを収納できるホルダーを搭載したタイプのキャリーバッグ

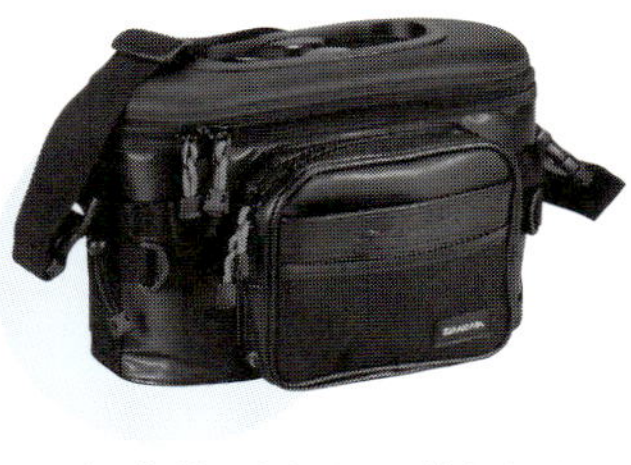

エギの収納はもちろん、釣れたイカも入れられるビニール袋ホルダー搭載のエギング専用クリール（びく）・タイプ

十分な収容力のある水に強いエギング専用の多機能ウエストバッグ・タイプ

バッグに収納するタイプのエギ専用ホルダー。釣り場に合ったエギを小分けにしておける

パクトにまとめ、軽快に釣り歩けば疲れも少なくてすむ。フローティングベストのポケットも利用すれば、意外と小さなバッグでも用は足りるのではないだろうか。

### ■フックカバー

ルアーのフックカバーは面倒で使用することが少ないぼくでも、エギのフックカバーは頻繁に使用する。

愛用しているのは、プラスチック製のパカッと開くタイプを数種類。小さくてかさばらず、素早く簡単に脱着できる製品がよい。

### ■釣果の収納

釣り場へ向かう途中に立ち寄ったコンビニの袋でもよいが、あらかじめ大き目のビニール袋をホームセンターなどで多めに購入しておくと便利だ。

車のトランクに氷の入ったクーラーボックスを準備しておき、釣り場を移動する度に、釣り上げたアオリイカをビニール袋ごとクーラーボックスに放り込んでいく。

キャリーバッグのポケットや、フロー

# モルジブ・マーレ

## モルジブのアオリイカは、生涯初めて見る作り物のエビに騙され、僕の白いTシャツに見事なスミ模様を描いた

おそらく、海外で挑んだエギングの中で、パプアニューギニアのそれは、数においてベスト・ワンであったに違いない。その後もことあるごとにエギを試してみてはいるのだが、なかなかどうして、自慢できるような釣果に恵まれることは少ないのである。

それでも、アオリイカの生息の有無をリサーチすることだけは、忘れない。スペインにも、インドネシアのバリ島にも、韓国の釜山あたりにも、アオリイカが生息している事実だけはしっかり掴んできた。

そして11月。インド洋に浮かぶ、モルジブ環礁へ出かけた。首都マーレから水上飛行機で北へ飛び、ラビアニアトールという小さな環礁のリゾートホテルをベースに、数日間にわたってたっぷり、GTフィッシングを楽しむ計画を立てた。

その間、エギングを行わなかったのかといえば、答えはイエス。リゾート施設のある島内での陸っぱりフィッシングはものの見事、完全に禁止されてしまっていたのである。

再び水上飛行機に乗ってマーレに戻ったその夜、いよいよエギングに挑むことになった。空港に隣接するホテルの部屋に荷物を放り込み、使い慣れたエギングタックルを手に、海へ向かった。

ここでも、ホテルの敷地内における釣りは禁止されていたため、ゲートを出て「あそこなら釣りをしても構わない」と教えられた場所へ、とぼとぼ歩いて向かった。

夕暮れ。アオリイカを釣るには最高の時間帯であったことも幸いしたのだろう。エギを数投してみると、茶褐色のアオリイカがエギの後ろからついてきて、猛然と、ものの見事に、まったくといっていいほど躊躇することなく、がばっと抱きついた。

すかさず合わせると、ブシュッとスミを吐き、必死に逃げようとする。「なんじゃこりゃあ。なんでこんなに泳ぎにくいんだ。それに、ちくちく痛いじゃないか。おいおい、一体全体どうなってんだ」

モルジブのアオリイカは、そんな叫び声を上げていたのかもしれない。生涯初めて見る作り物のエビに騙され、無造作に飛びつき、ハリ掛かりしてしまったことに驚き、わめき散らしていたのかもしれない。

ゆっくり足元に引き寄せ、セーノと声に出して700グラム級のアオリイカを一気に抜き上げ、岸壁にドサリと下ろした。

「おう、やったやった。結構いいサイズだねぇ」などと感激を口にしつつ不用意に近づいたところで、いきなりブシュッとスミを吐かれ、白いTシャツに見事なスミ模様が描かれた。不覚。

しかも、同行のカメラマン師のシャツにも、真っ黒いイカスミが飛び散った。素早く写真を撮り、次の一撃を食らわぬうちに、そっとリリース。アオリイカは一瞬きょとんとしていたけれど、ふと我に返ったのか、脱兎のごとく深みへ向かって泳ぎ去ったのだった。

再びエギをキャストし、着底を待って沖合で激しくシェイクし、再び沈めると、ツツーッと引き込んでゆく。

すかさず合わせると、確かな手応えが伝わってきた。これもまた、700グラム級の感触。

ファイトを楽しみ、注意深く抜き上げ、素早くリリース。どちらも特大というわけではないのだけれど、過去、海外の陸っぱりで釣り上げてきた中では、大きい部類に入るアオリイカだ。

さらに、釣友が立て続けに同級を釣り上げる。さらにぼくが……。こうして、モルジブにおける最後の夜はふけていったのであった。

CHAPTER

# 03

# アオリイカはこんな場所にいる!

アオリイカを釣るには、当然のことながらアオリイカがどこにいるのかを知らなければならない。主な釣り場は港湾や小磯であるが、同じ釣り場でも、季節によって集まる場所が変わるものである。季節ごとのアオリイカの着き場を知って効率よく攻めることこそが、アオリイカ釣りの極意と知っていただきたい。

また、最近では釣り場の人込みを避け、砂浜やジャリ浜を広く釣り歩いて好釣果を上げる人も目立つようになった。まずは代表的な釣り場を覚え、どんどん行動範囲を広げていただきたい。釣り場探しもまた、エギングゲームの面白さのひとつなのである。

アオリイカはこんな場所にいる!

# アオリイカの代表的な釣り場【港・磯】

**港では一番大きな堤防、沖側の堤防を探ってみよう。スレていない磯は思わぬ大釣りもあるぞ!**

堤防や岸壁などでも、潮通しのよいポイントならアオリイカは狙い目

## 港のポイント

最も人気が高く、釣果も安定しているアオリイカの釣り場が港周り。堤防あり、係船あり、消波ブロックあり、沈み根あり、海藻あり、船道あり、そして時には流れ込みありといった具合に、アオリイカの集まるポイントが実に多い。

港の規模にもよるが、最有力は大堤防。すなわち、その港の中で最も大きな堤防が、メインの釣り場と思ってよい。

もし仮に、大きな港で沖に向かって堤防が何本も続いているようなら、一番外側に位置する堤防。

その外側と内側をきっちりチェックす

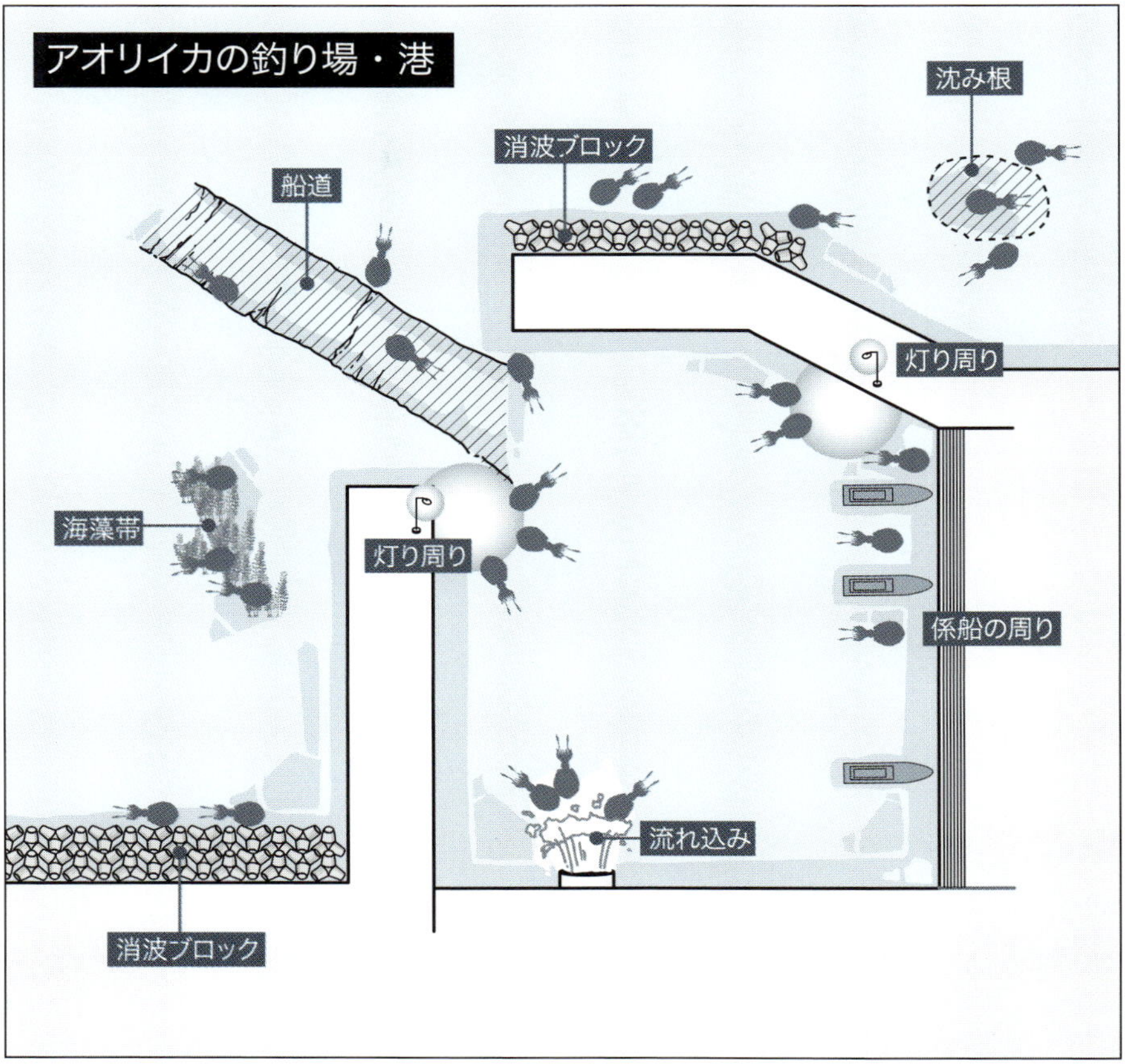


るだけで、その港のアオリイカ釣り場としてのポテンシャルを知ることができる。

基本的には、水の動きに変化のあるところか、ストラクチャー周り。

水の動きに変化があるところというのは、例えば堤防の角、先端、付け根、そして流れ込み周辺など。ストラクチャーというのは沈み根、海藻、船道、消波ブロック、係船の各周辺。

それらの周辺でエギをキャストし、順次チェックしていくか、秋から初冬にかけての見えイカシーズンであれば、前述のポイント周辺にアオリイカの姿を探しつつ、めぐってみるとよい。

ともあれ初めての土地へ出かけてエギングを行おうと思ったり、あるいは最小限の労力で最も効率のよい1日を過ごそうと思ったら、いくつかの港を順番にめぐってみることだ。

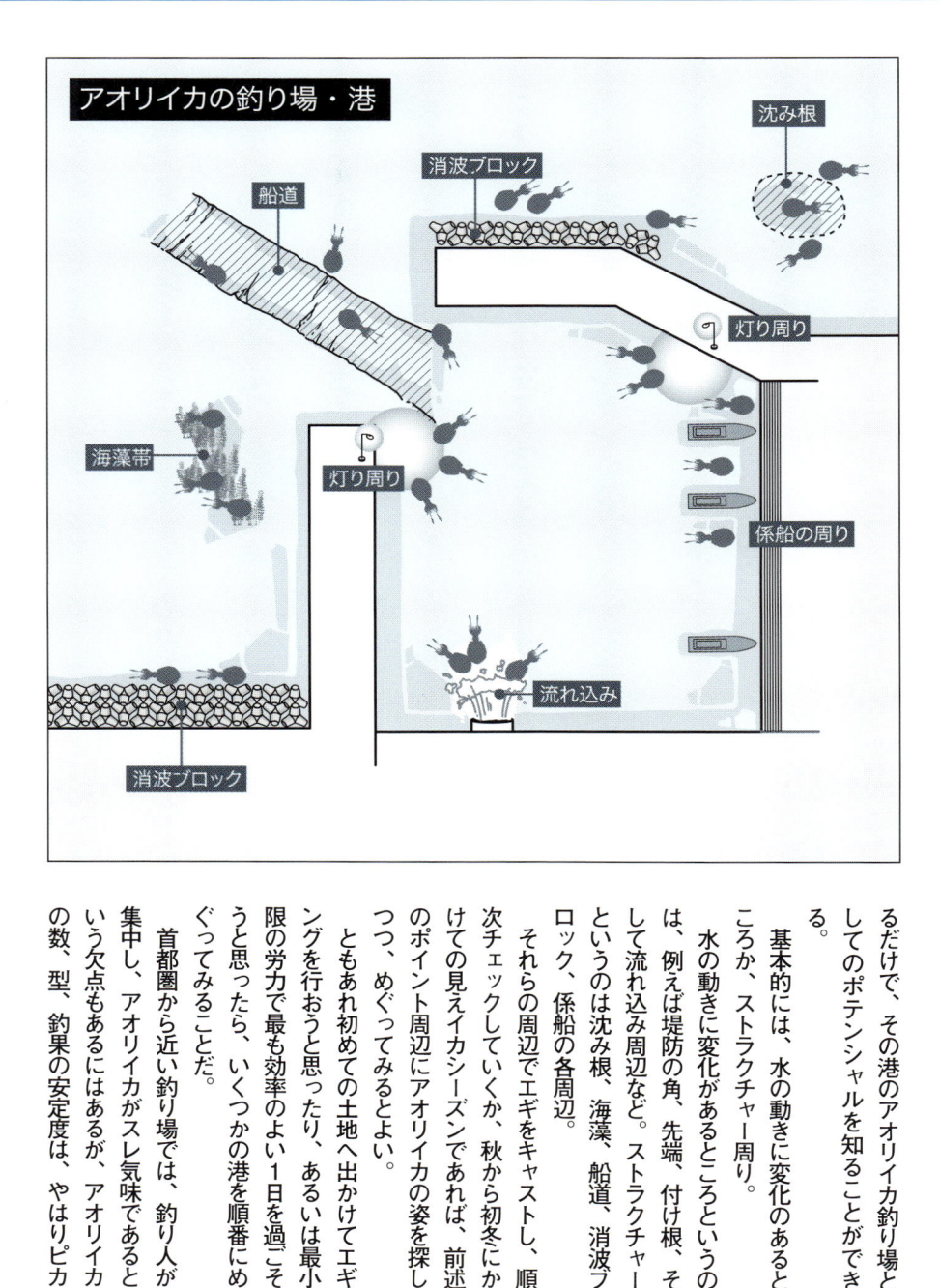

首都圏から近い釣り場では、釣り人が集中し、アオリイカがスレ気味であるという欠点もあるにはあるが、アオリイカの数、型、釣果の安定度は、やはりピカ

スレていないだけにエギへの反応もダイレクトな磯のポイント

イチである。

## 磯のポイント

近年、エギングをはじめとするアオリイカ釣りブームの影響で、手軽に入れて釣果も安定している港周りの釣り場が、休日には釣り人で埋め尽くされ、思うように入れないことも多くなった。

あるいは、シーズン只中となれば、入れ替わり立ち代り釣り人が訪れるため、アオリイカがスレにスレ、エギにまったく反応しないケースも少なくない。そんな時は港を離れ、思い切って磯へ入ってみるとよい。

スレをまったく知らないうぶなアオリイカが、すっ飛んできてアナタのキャストしたエギに抱きついてくるに違いない。

磯への第一歩は、港に隣接した足場のよいところがおすすめ。港周りであれば、磯とはいえそれほど険しい場所は少ないからだ。

もちろん、だからといって甘く見てはいけない。装備を万全に整えてから出かけるのは、当然のことである。

磯でアオリイカを狙う場合は、海藻や沈み根の周りと、潮通しのよいところを重点的にチェックしてゆく。

海藻や沈み根は、偏光グラスをかけてできるだけ高い位置から見て直接探すか、釣り場の航空写真などであらかじめチェックしておく。その周りにアオリイカが付いていれば、スレていないだけに反応が早い。

10投ほどキャストして反応がないようなら、狙いを次の沈み根（海藻）に替えるといった具合にテンポよく、ひとつでも多くの沈み根をチェックしてみることだ。

潮通しがよいのは、突き出た磯の先端周辺。潮の流れが直接ぶつかっているようならヒットの可能性は高い。

# アオリイカの代表的な釣り場【港・磯】

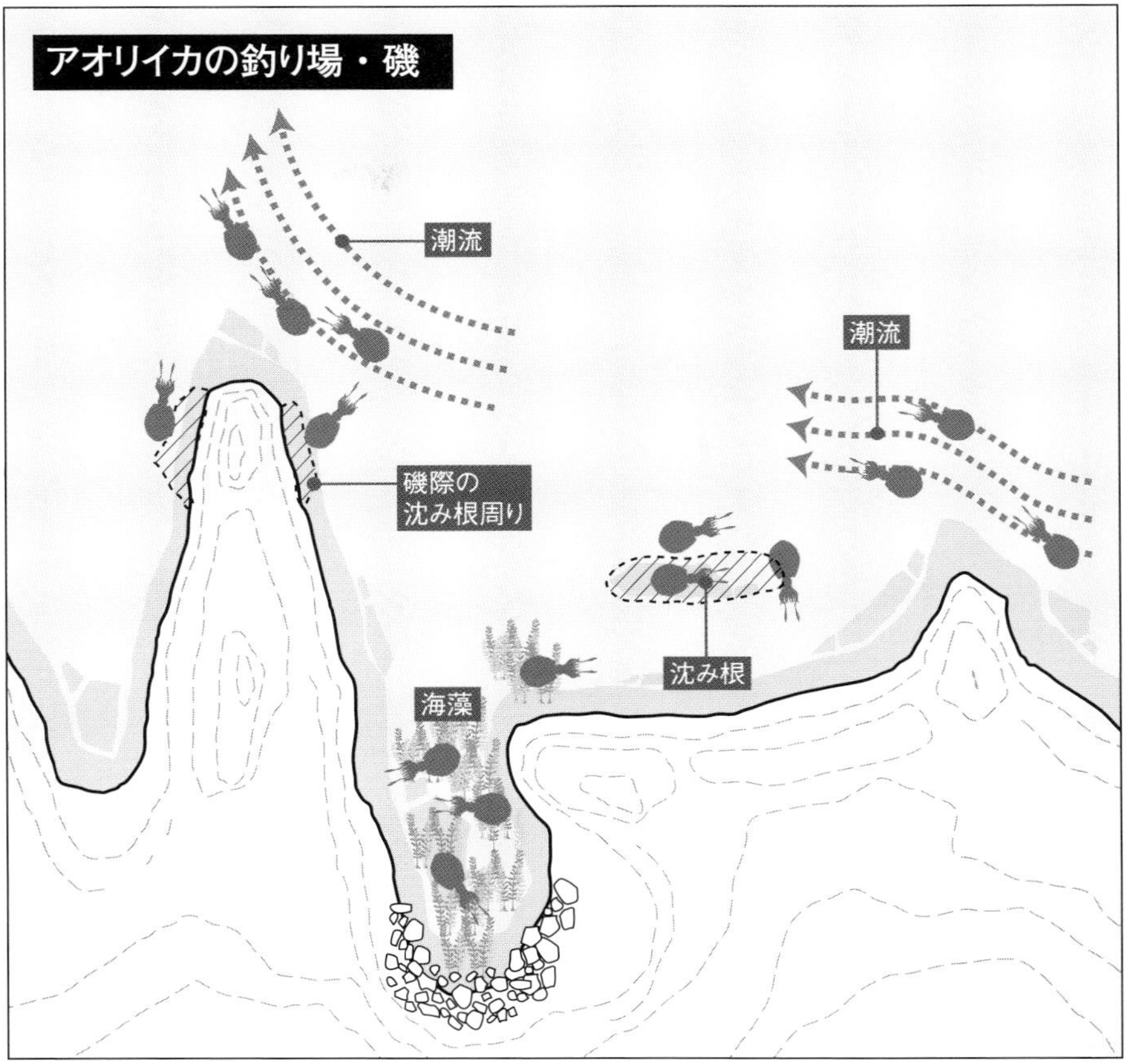


通常、アオリイカは流れの上手に頭を向け、泳ぎつつほぼ同じ位置をキープしていることが多いので、流れの下手にキャストを行い、流れに逆らってエギを引いてくるようにする。

流れの中でしっかり沈め、時折しゃくりを織り交ぜながら、ゆっくりゆっくり引いてくるのがコツだ。流れの中に群れている場合は、思わぬ大釣りとなるケースもある。

流れに乗って回遊してくるアオリイカも少なくないので、反応がなくてもすぐには諦めず、ある程度粘ったほうがよい結果につながる。

やさしい磯で十分経験を積んだら、本格的な磯に挑んでみるのもよい。

歩く距離が長くなればなるほど、険しさが増せば増すほど、手付かずである可能性が高いからだ。最近は、一発大型勝負で本格的な磯に出かけ、粘り抜く釣り人も多くなってきている。

ただし、単独釣行を避け、くれぐれも事故のないよう細心の注意を払って楽しいエギングをたん能していただきたい。

## アオリイカはこんな場所にいる!

# アオリイカの代表的な釣り場【砂浜・ジャリ浜】

**砂浜&ジャリ浜は、エギング釣り場の最後の砦! 足で探れば新ポイント発見なんてこともある**

まだまだ攻める釣り人の少ない砂浜では、スレていない大型がエギに抱き付いてくることも少なくない

近ごろでは、手軽な港周りはアオリイカを狙う釣り人で埋め尽くされてしまうケースが多くなったためか、より入り難い磯へ出かけエギングを展開する釣り人が増えてきているわけであるが、経験を積んだベテランでなければ行き着けない危険な場所も少なくない。

そこで、もうひとつの逃げ場である、砂浜やジャリ浜でエギングを展開する釣り人も、年々増えてきた。

砂浜やジャリ浜海岸のよいところは、ここといった特定のポイントを絞り込むことができないため、先を争うことなく、いくらでも釣り人の収容力があることと、極めて安全性が高いこと。

港に釣り人が溢れ、磯に釣り人が溢れ

た後の、エギング釣り場の最後の砦といってもよいのではないか。

## 砂浜、ジャリ浜のポイント

いくら砂浜が広くてポイントの見当がつかないからといって、どこでもよいだろうと適当な場所を釣り場と決め、延えん粘り抜いたところで釣果を得られる確率は極めて低い。

アオリイカは元もと、根や海藻に寄り添うように潜む習性を持っているわけだから、何の変化もない一様な海底の水中に漂っていたりするケースは少ない。

同様の理由で、変化のない場所で回遊を待ちながら粘ったところで、エギとアオリイカが偶然遭遇を果たす確率は、微塵であるに違いない。

砂浜からアオリイカを狙う場合も、港や磯の時と同様、沈み根や海藻帯を見つけて狙い撃ちするのが基本となる。いや、狙って釣るには、他の方法は見当たらないといってしまってもよい。

ポイント選びの基本は、常に根と海藻。

偏光グラス越しにそれらを発見した場合は、迷わず、徹底的に、その周辺をチェックしてみることだ。

水深が深くて海底の様子が分からない場合は、水色がぐっと濃くなるカケ上がり周辺を重点的に攻める。カケ上がり自体がひとつの壁、すなわち根と同じ効果を発揮していることになるからだ。

カケ上がりは急激であればあるほど、アオリイカが付きやすい。

沖合の根や海藻の有無については、エギをじっくり沈め、根掛かりのあるなしや、海藻の切れ端がハリに掛かってくるかどうかで判断する以外に方法はない。

当然、エギをロストする可能性もあるので予備は多めに持参したい。

沖縄方面や奄美大島など、さんご礁のある南の海では、白い砂の遠浅海岸が実に多い。

そんな場所でのエギングが、なかなかよい成績を上げているのだが、ここでも狙うべきポイントは、根と海藻。

白い遠浅海岸に立ち、透明な海をじっと眺めてみると、所どころに黒々と点在

する根が見て取れる。

　その根周りにエギを数投し、また次の根周りといった具合に、少しずつ移動しながら、根という根を隈なく探ってゆくわけである。

　それと同じ攻め方が、実は、どこの海でもできる。砂の色や水の色が違えども、ターゲットとなるアオリイカの性質はまったく同じ。

　全国に広がる砂浜（またはジャリ浜）海岸で、根や海藻のあるところなら、迷わず自信を持ってエギをキャストしてみるとよい。マイポイント発見という、思わぬ結果になるかもしれない。

広大な砂浜だが、アオリイカの着き場の目安となるのが藻場と根の存在だ

アオリイカはこんな場所にいる!

# アオリイカの代表的な釣り場【岸壁】

**水深があり春には大型も狙える岸壁。秋にはサイトフィッシングも可能。スミ跡をチェックせよ!**

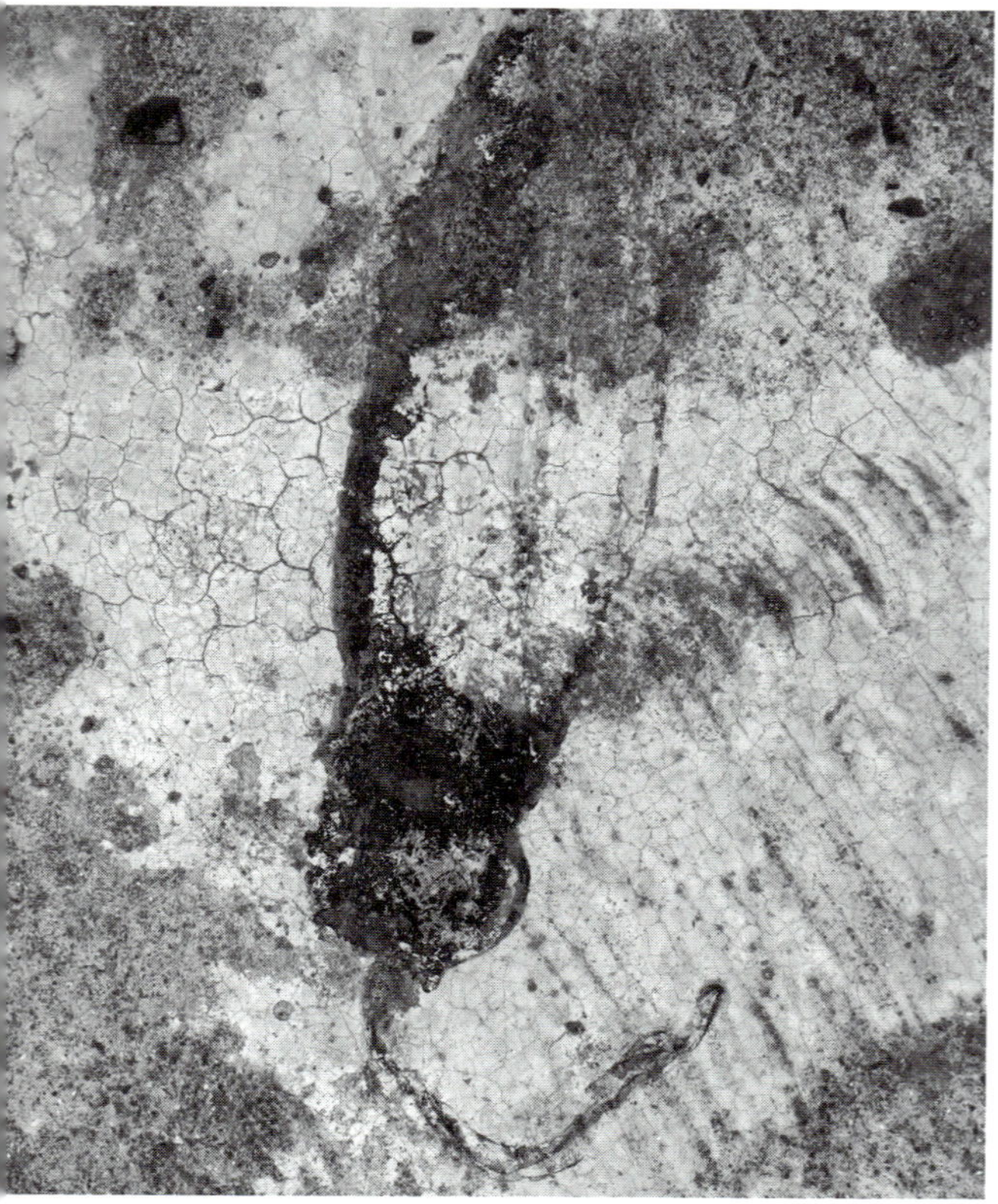

スミ跡はポイントの目安。これはイカスミを利用したイカ拓。大きさも分かる!?

港や堤防と並んで、コンクリートで作られた岸壁も、アオリイカの代表的な釣り場のひとつである。

船を接岸し、魚網の揚げ降ろしをしたり、荷物の積み下ろしをしたりといった作業目的であるケースが多いため、沖側の水深はおおむね深い。

こんな釣り場では、季節にもよるが、手前で主にサイトフィッシング（アオリイカを見ながら釣る方法）にこだわって中小型の数釣りに終始することもできるし、沖の深場でエギをじっくり沈め、大型のみに的を絞るという釣り方もできる。

一般的には、手前の浅場ほどサイズは小さいものの魚影が濃く、沖へいけば行

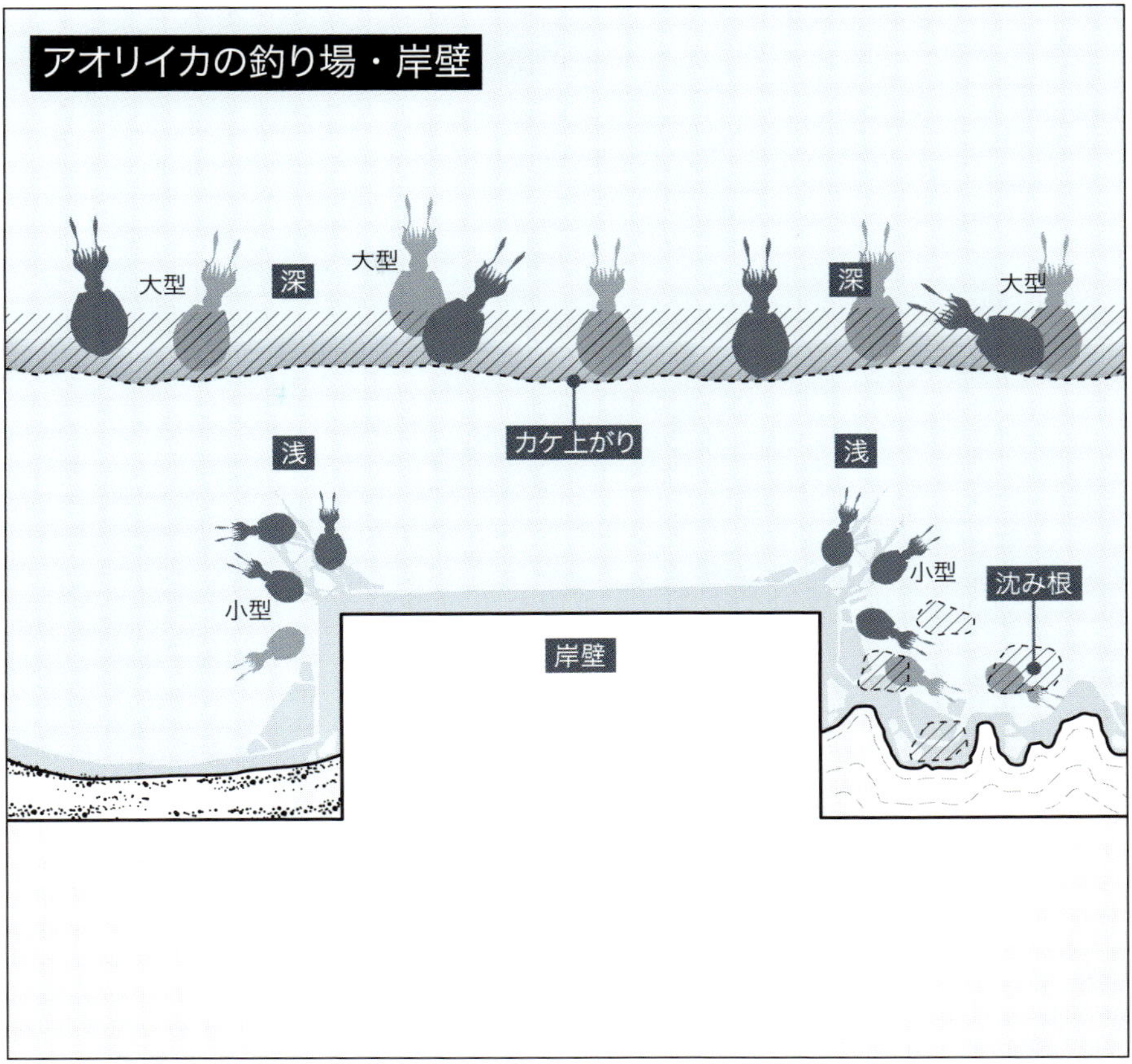


くほど大型が多くなり、その分数が減る傾向にある。

逆にいえば、水深が深いからゆえ、数も型も狙えるのであって、ついでにいえば、足場のよさから昼も夜もエギングが可能である。

当然、大規模の岸壁ほど、沖合の水深が深くなっていると考えてよい。

## スミ跡をチェックせよ

初めての釣り場でエギングを展開する場合、広い岸壁のどのあたりで実績が上がっているのか、あるいは、その釣り場の最近の状況を知りたいと思った場合は、岸壁上に残されたアオリイカのスミ跡を隈なくチェックしてみることだ。

残されたスミの色艶で新しさが、量の多少で釣り上げられたアオリイカの大小が判断できる。

中には、魚拓のようにベタッと、堤防上にアオリイカの拓が残されているケースもよくある。これなら、釣れ上がったアオリイカのサイズを間違えることはない。
そのスミ跡のチェックを含め、ひとつの堤防をモデルケースとして、効率のよい攻め方を紹介しておくので参考にしていただきたい。

最初にチェックしたいのは、堤防の付け根。消波ブロックが並んでいるようなら、その消波ブロックの前面あたりを凝視し、アオリイカの有無を確認する。

次は、堤防の角まで一気に歩く。ただし、移動しながら、水中にアオリイカが見えないか、堤防上にスミ跡が残されていないかのチェックは怠りなく。

角に着いたら、扇型にエギをキャストし、手際よくしゃくって活性の高いアオリイカを探してみる。

秋から初冬のシーズンなら、くれぐれも粘り過ぎないこと。その時期のアオリイカなら、数投で必ずや何かしら反応があるからだ。

水中と堤防上をチェックしつつ堤防の先端まで行き着いたら、外側の角を中心に扇形に攻め、次に内側の角へと移動する。

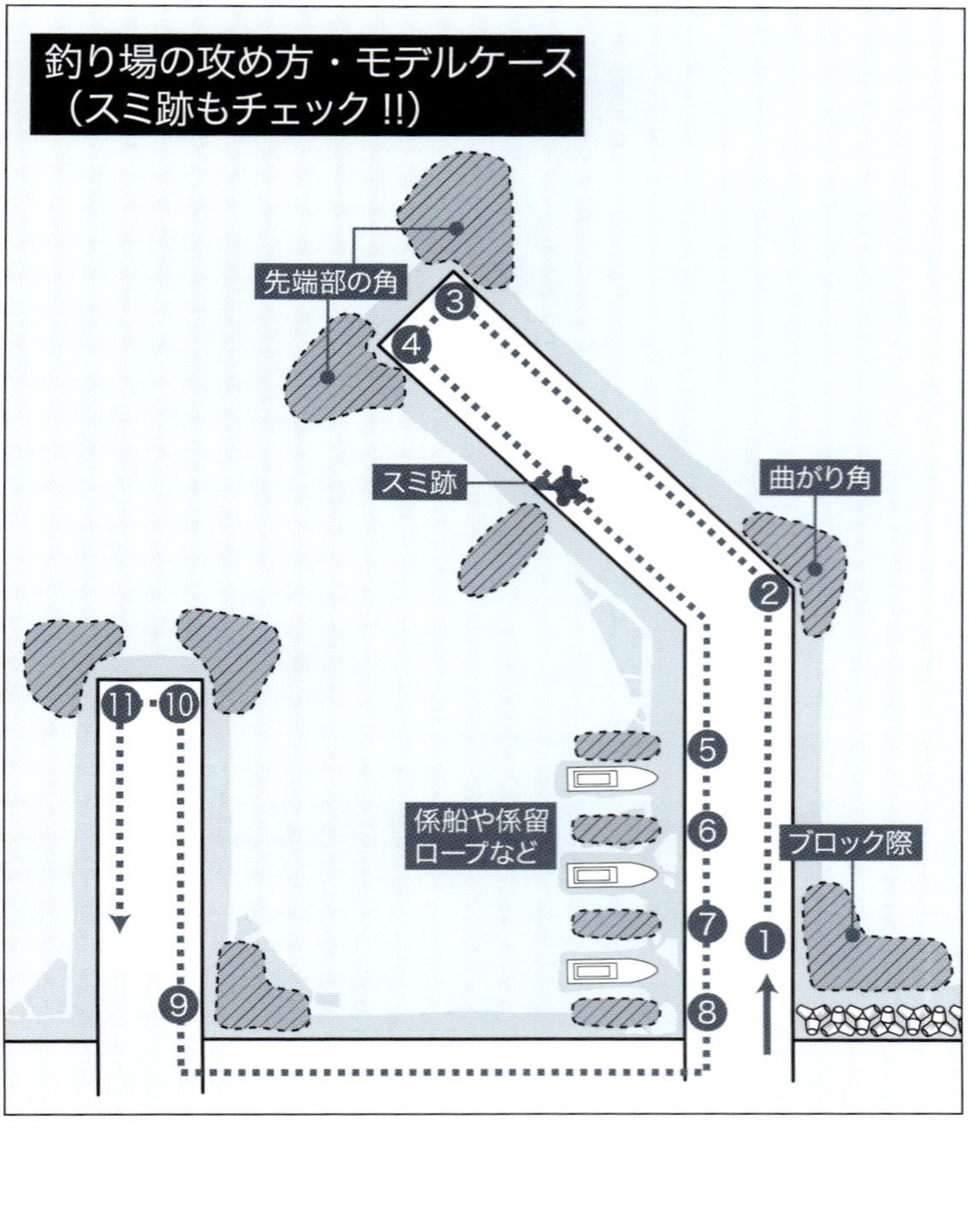


さらに内側を水中、堤防上、そして係船の間をチェックしながら付け根に戻るのである。

ところで、最近では、エギングのマナーとして堤防上のイカスミを、あらかじめ準備しておいた、ビニールバケツの海水で流して帰ろうという動きが出始めている。

それが必要なことなのか、あるいは、必ずしも必要でないことなのかはさだかでないが、実績の上がった釣り場でもスミ跡が残っていないケースもあるというのは間違いないこと。

スミ跡があれば実績は確かだだが、スミ跡が見当たらないからといって実績が上がっていないとは限らない。

少なくとも、堤防上を移動する際は、常に新しいスミ跡を探しながら、足元にも気をつけて移動先へ向かうことである。

サイトフィッシングから大型狙いまで、オールマイティな釣り場が岸壁だ

## アオリイカはこんな場所にいる!

# 春は海藻を狙う

### 産卵の大型を仕留めるキーポイントが藻場。アオリイカを見つけるよりも藻場を探せ!

沖に見える黒々としたエリアが藻場だ。青白く見えるのが砂地で、藻場との際にエギを落とし込む手もある

春のエギングでは、徹底して海藻周りを狙うとよい。大型をターゲットとして考えるなら、なおさらのことだ。

釣り場に出かけたら、まずは偏光グラスをかけ、水中をぐるりと見回して藻のありかを確認する。

足元周辺に密生する海藻だけでなく、できるだけ沖に点在する海藻まで見つけられればそれに越したことはない。

春のエギングを行う際、海藻を意識する理由は、アオリイカが海藻の周りに集まる習性を持っているため。四国方面でアオリイカのことを「モイカ」と呼んでいるのは、そんな理由からだ。

海藻の周辺に集まってくるのは、海藻が産卵床となっているため。すなわち、

春になるとアオリイカたちは、卵を産み付けるために海藻周りに集まってくるのである。

したがって、見えにくいアオリイカを直接探すより、海藻の生えている場所を見つけるほうが手っ取り早い、というわけである。海藻の生えているエリアなら、周囲にアオリイカがいる確率は極めて高い。

ただし、ひと口に「海藻の生えているエリア」といっても、海藻の生え方は千差万別。足元から沖にかけて、びっしりと海を埋め尽くしているような場所もあれば、海底付近にのみ密生している場合もある。

あるいは、だらだら続く浅い砂浜やゴロタ海岸の所どころにぽつりぽつりと点在するケースも少なくはない。当然、海藻の種類によって生え方が様ざまであるといってもよい。

その中からどんな場所を選んだらよいのかといえば、最も狙いやすいのは、砂浜海岸やゴロタ海岸に点在する海藻群。

辺り一面に海藻が密生しているような場所では、そのエリア内にアオリイカがいる可能性はすこぶる高いものの、ではどこに、となれば、探し当てるまでには時間を掛け、手を尽くさなければならない。

ところが、広い海の中にぽつんと1ヶ所だけそれらしい場所があるとすれば、それはもうだれが見たって、アオリイカがいるのはそこしかない。例えてみれば、外洋の真っ只中に設置されたパヤオと同じ。アオリイカや魚にしてみれば、

港内一面の藻場は、春の大型狙いには絶好のポイントとなる

砂漠の中のオアシスにも等しいのである。

そんな場所を順番に、テンポよく攻めて行けるなら、それに越したことはない。

釣り場に立って、点在する海藻帯を見つけたら、順番にひとつずつ、周囲を探ってみること。海藻帯の規模にもよるが、1ヶ所に付き10投もすれば、答えは出るに違いない。

狙い撃ちの場合は、テンポよく、1ヶ所でもでも多くの釣り場をめぐるのが、好釣果をあげるコツである。

## 釣り場一面が藻場の場合

見渡す限り、人工芝を敷き詰めたように、そこいら中に海藻が茂っている場合は、面を塗りつぶしていくようなつもりで、海藻の上面を扇形に攻めていく。

エギをキャストする間隔は、おおよそ10メートルぐらい。とりあえず広めにぐるっと攻め、次はその隙間を、同じ間隔でつぶしてゆく。

これは本来、釣り場の水深や、流れ具合、そして何よりアオリイカの活性次第であるのだが、多くの場合アオリイカは釣り人が思っているよりずっとずっとアクティブで、魚とまったく変わらぬスピードで、遠くからすっ飛んできてエギに抱きつくものなのである。

エギがポチャンと海に落ちた時、少なくとも半径10メートル以内にいる活性の高いアオリイカは、一瞬のうちに近くまでやってきていると考えていただきたい。

あとは、そのアオリイカをエギに抱きつかせ、釣り上げられるかどうか。エギをキャストしてしゃくりを開始する際は、常に、近くにアオリイカがいるものと想定し、1回ごとのしゃくりを大切にすることである。

さて、釣り場の周辺が極端に海藻で覆われている場合は、釣りそのものが思うように成り立たない。そうした釣り場へは、潮見表で確認し、満潮時刻前後を狙って出かけることだ。

海藻が水中に没していればいるほど、エギングがやりやすくなるのは間違いない。逆に、海藻が海面を覆うようになれば、通常のエギングは成り立たない。しゃくる度に海藻が引っ掛かるようでは、エギはまともに動かず、当然アオリイカも飛び付いてはこない。

海藻帯を攻める際には、できるだけ重

磯際など生い茂る海草帯も見逃せないポイント。秋口にはサイトフィッシングで楽しめる

それっ
おらっ!!
海藻に引っ掛かりにくい『半ガサ』

量が軽いエギを使うことや、半ガサと呼ばれる上バリだけのエギを使用することなどを覚えておくとよい。

釣り人にとって攻め難い海藻周りではあるが、産卵期を迎えた大型のアオリイカが集まってくる場所であるのは疑いようのない事実。春は、常に海藻を意識しながら、釣り場探しをするべきである。

るために根の上の浅場にいて、近づいてくるベイトフィッシュに襲いかかるということである。が、干潮時に頭を出してしまうほど浅い根の場合は、潮位が下がり、いよいよいられなくなって根の上から横に下りた途端、待ち構えていた別の魚に食われてしまうということも少なくない。

この食物連鎖は、イワシやネンブツダイがベイトフィッシュでアオリイカが襲う側になるときもあれば、アオリイカがベイトフィッシュとなりさらに大きな青物に襲われてしまうこともある。

いずれにせよエギはアオリイカにとってベイトフィッシュであるわけだから、待ち伏せしている目の前に送り込んでやりさえすれば、比較的簡単に抱きついてくるハズだ。

沈み根の上にスーッとエギを運び込んでみるのもよいし、それで反応がないようなら、根の上から滑り落としてみるのもよい。

根の際にタイト（ぴったり）に張り付いている場合は、できるだけ近くでエギを演出してやる。

しゃくり上げたり、フォーリングさせたりといった基本操作を、できるだけ根に近い位置で行えばよいのだ。言葉にすれば難しそうだが、やってみればたやすいこと。

基本中の基本操作を、沈み根の上や横で行えばよいのである。あとは、ひとつでも多くのストラクチャーを見つけ出し、徹底して、しつこく、丁寧に攻めてゆくことである。

障害物には小魚が集まり、小魚を求めてアオリイカがやってくるという、自然界ではごく当たり前の構図が成り立っている。

同じようなことはそこかしこにあっ

消波ブロックも立派なストラクチャー。沈んでいればその上に、頭を出していれば際にアオリイカが付く

## 秋は根を狙う

港内に係留されている船の際やロープなどにもイカは付くが、くれぐれも漁業者の迷惑にならないように気を付けたい

て、沖合の潮目の浮遊物に小魚が集まり、それを追ってシイラやカツオが集まることも、パヤオの周りに名も知れぬ小魚が集まり、それを追ってカツオが集結し、さらにはカジキやマグロがやってくることも、皆、基本構造は同一である。食物連鎖なのである。

　もちろん、食欲というだけでなく、物陰に寄り添うのが好き、という習性も持ち合わせている。

　理由はどうであれ、秋のアオリイカを探すには、根周りのチェックが欠かせない。根というのは、水中にあるすべてのストラクチャー。

　そのひとつひとつを、アオリイカの姿を求めてじっくり観察し、さらには、アオリイカの姿を確認しようとしまいと、手当たり次第に攻めてみることである。

　例え姿が見えなくとも、エギが通過したとたんにどこからともなく、ひょいとアオリイカが飛び出してきて、エギに抱きつくことが少なくないからだ。

　春は海藻を狙い、秋は根を狙うという基本を、覚えておいていただきたい。

世界エギング奮戦記

# オーストラリア・フレーザー島

**栈橋からキャッチ&リリースしたアオリイカは合計10杯。
地元のフィッシングガイドから「ミスタースクイッド」と呼ばれる**

2005年の年明け早そう、オーストラリアの東海岸にあるブリスベンから北へ300キロ、ハービーベイという小さな港町に数日間滞在し、あっちへ行ったりこっちへ行ったりしながら色いろな釣りを楽しんだ。サラトガフィッシング、バラマンディフィッシング、フラットヘッド（マゴチですね）フィッシングなどなど。

本当は船中泊でGT（ロウニンアジ）やカンパチの大物を釣ってやろうともくろんでいたのだが、強風続きで海が荒れて出船できず、内陸部の釣りに切り替えざるを得なかったのだ。最終日の前日になって、陸っぱりでもいいからせめて海の釣りをしようと話がまとまり、連絡船でフレーザー島へ渡った。

島へ渡り、風裏の桟橋や砂浜からルアーフィッシングを展開しようということになったのである。桟橋ではメッキやアオリイカ、砂浜ではフラットヘッドが釣れることをぼくは知っていた。7年ほど前にテレビ番組の撮影で出かけた際、合間の時間を使ってそんな釣りを楽しんでいたからである。

ハービーベイからフレーザー島まではおよそ1時間。世界遺産に指定され開発が制限されているせいか、何から何まで7年前とまったく変わっていない。

木製の桟橋周辺に小魚がワンサカ群れているのさえ以前とまったく変わらないのである。

釣友たちがすかさず小型ミノーをラインに結び、メッキを釣る。メッキというのはご存知の通り、GTやギンガメアジの幼魚のことであるが、ここで釣れるのは25～30センチ級の良型が多い。他にもカマスが釣れてきたりと飽きることはない。

ぼくは、ひとりエギングロッドにエギを結び、桟橋の上を行ったり来たりしながらアオリイカを探した。

エギのカラーはピンクである。海外のあちこちでエギングを展開している経験からいえば、スレていないエリアのアオリイカは、色の選り好みを一切しないように思われる。地味なカラーであれ、派手なカラーであれ一切お構いなしにすっ飛んできて、躊躇せずしっかり抱きついてしまうのである。その無垢さといったら、ときに哀れにおもえてきてしまうほどだ。

フレーザー島のアオリイカも例外ではなく、姿を見つけたところで素早くエギをキャストすると、脱兎の勢いでエギに接近しては、力強く抱きついてくる。透明な海にスミが広がるのを恐縮しつつ、抜き上げてはエギを持ちそのままポシャンと海へ帰してやる。

さして大きくもない桟橋の上を行ったり来たりしながら、アオリイカを見つけては釣り上げ、ポシャンと海へ帰してやるといったことを繰り返していると、どこで見ていたのか地元のフィッシングガイドがやってきた。

「ミスタースクイッド、どうしてそんなに釣れるんだい」彼らの常識では、アオリイカは夜釣りのターゲットなのであって、日中はそうそう釣れるものではない、ということらしい。

「ちょっとしたマジックなんだ」「どんな？」実践教室よろしく、目の前で解説を加えつつアオリイカを釣ってみせると、余計分からんといった面持ちで首を傾げつつどこかへ消えてしまった。

短時間のうちにキャッチ&リリースしたアオリイカは合計10杯。サイズは、100グラムから400グラムといった小型主体。アオリイカって、本当にどこにでもいるんだよね。

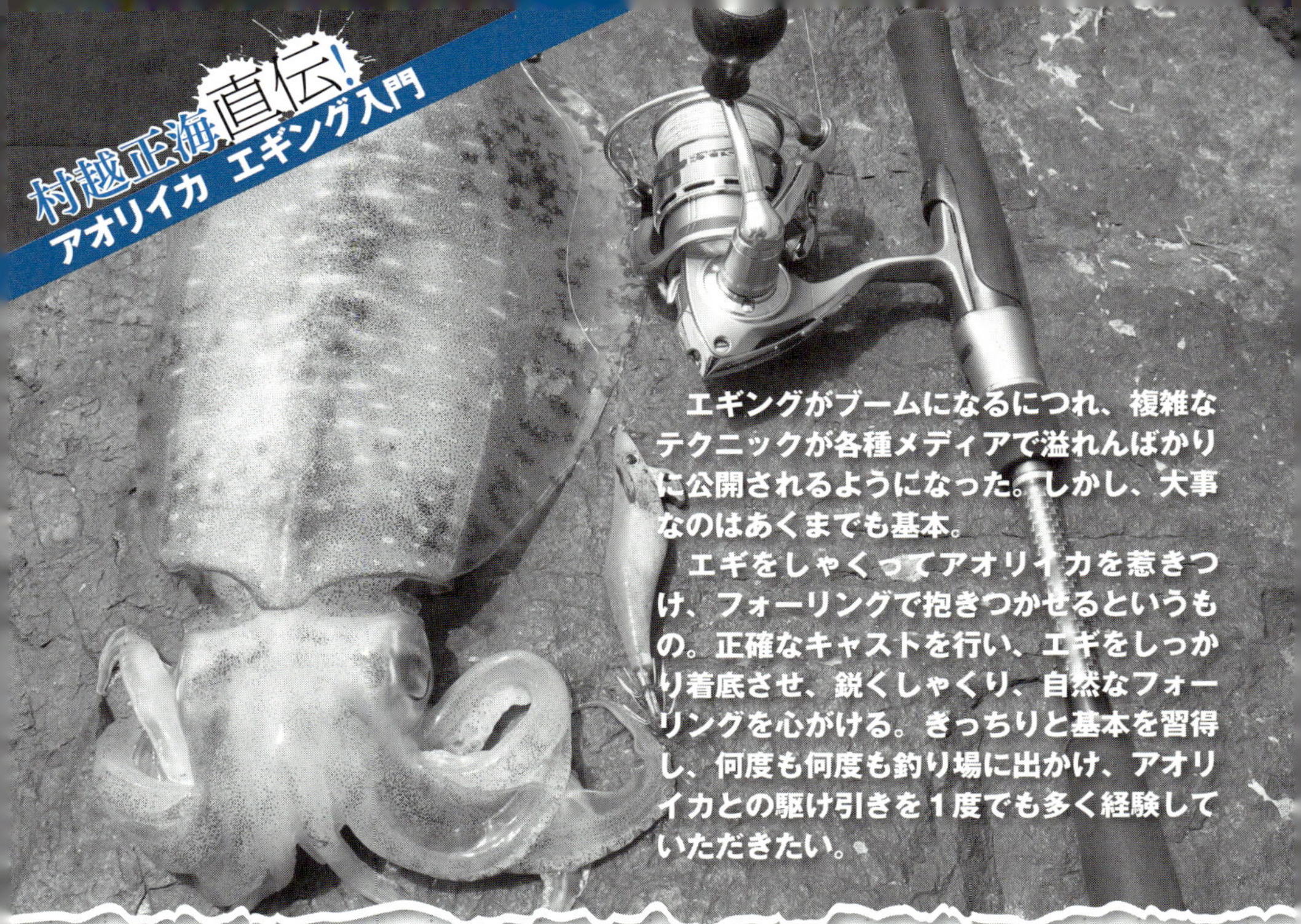

エギングがブームになるにつれ、複雑なテクニックが各種メディアで溢れんばかりに公開されるようになった。しかし、大事なのはあくまでも基本。

エギをしゃくってアオリイカを惹きつけ、フォーリングで抱きつかせるというもの。正確なキャストを行い、エギをしっかり着底させ、鋭くしゃくり、自然なフォーリングを心がける。きっちりと基本を習得し、何度も何度も釣り場に出かけ、アオリイカとの駆け引きを1度でも多く経験していただきたい。

CHAPTER 04

# エギングって即カンタン!



EGING GUIDE

エギングって即カンタン！

# キャスティングの基本とコツ

## オーバーヘッドキャストで正確なキャストを心がけ、それから飛距離を伸ばそう！

正確に、かつロングキャストができてこそ始めて、実際のエギング・ゲームに生かすことができる。

これは他の釣りでも同じこと。ルアーフィッシングであれ投げ釣りであれ、遠くへ投げられれば投げられるほど大きなアドバンテージを手に入れることができる。

ルアーや仕掛けを遠くまで運べば、それだけ広い範囲を探れ、当然ターゲットと遭遇する確率が高くなるからだ。ただし、いくら遠くへキャストできたとしても、右へ行ったり左へ行ったりコントロールが定まらないというのでは、せっかくのロングキャストを十分に生かしきれない。

ここでは、キャスティングの基本とロングキャストのコツ、そして真っ直ぐ投げるための注意点を紹介する。

始めに、キャスティング（オーバーヘッドキャスト）の基本について。

右手の握り（右利きの場合）は、リールのフットを中指と薬指の間か、薬指と小指の間に挟み、掌全体でロッドを包み込むようにする。力を入れるのは小指から中指までの3本だけで、人差し指と親指は力を入れず、添える程度でよい。

左手の握りは、グリップエンド（ロッドの下端）を包み込むような感じで、力を入れすぎず、ふんわりと。

リールのベイルを起こし、ロッドの先端からルアーまでの距離（タラシ）を40～50センチとしておき、右手の人差し指でラインを引っ掛ける。

剣道で「面」を打つような格好でロッドを頭上に振り上げ、グリップエンドを目標方向に、ロッドティップを後方に向け、キャストの態勢に入る。

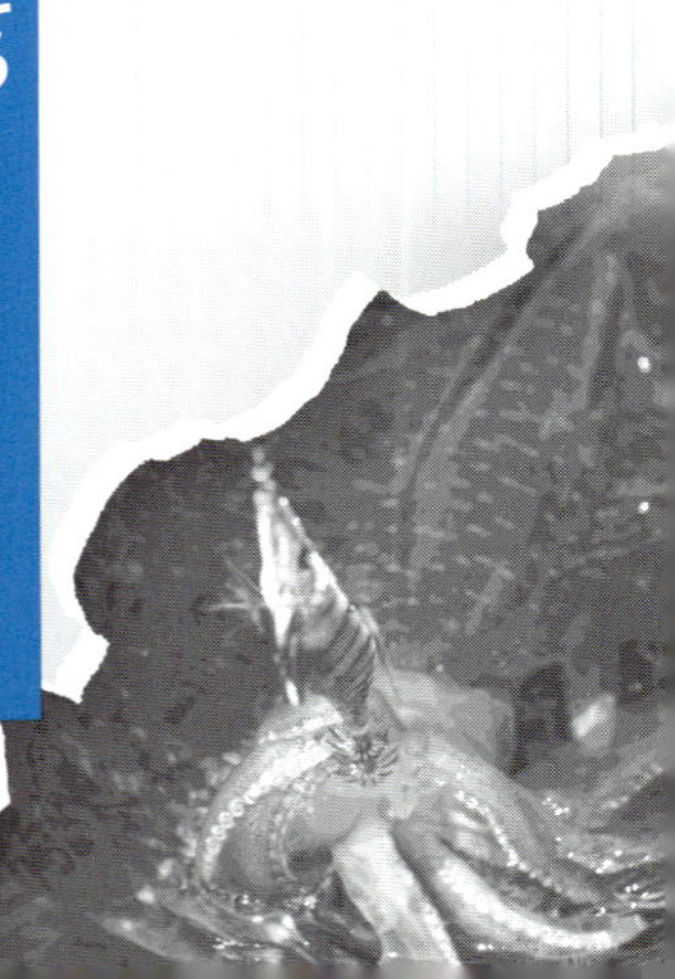

ロッドにエギの重みを乗せ、その重さを前方に放り投げるようにするのがキャスティングのコツだ

その際、グリップエンドが左右にぶれたり、ロッドティップがやはり右に左にフラついてしまうと、ルアーが飛んで行く方向も定まらないので、しっかり止めてからキャストを開始すること。

キャストは、左手で握ったグリップエンドを体の正面に引きつけながら、右手を軽く前方へ振り出し、人差し指で引っ掛けていたラインを離す。

ラインを離すタイミングが早すぎればルアーは空中高く上がりすぎ、遅れれば水面に叩きつけてしまう結果となるので、結果を見つつ、ラインを離すタイミングを覚えていただきたい。

ラインを離すタイミングを言葉で表現するなら、ロッドが前方11時の位置に差し掛かった時。遅すぎるよりは早め。

ロッドの振り幅をできるだけ小さくしておき、タイミングがつかめてきたら、徐々に振り幅を広げていくようにする。

ラインを離すタイミングについては、何度も繰り返し練習する以外、上達する方法はない。幸い、エギングではキャストの回数がかなり多くなるので、実践での練習が可能である。最初のうちは、アオリイカを釣ることもさることながら、キャスティングを覚えるぐらいの気持ちで釣行していただきたい。

## ロッドの弾力を最大限引き出す

ロングキャストのコツは、ロッドを必要以上の力で振りすぎないこと。

右手の振りに力を入れすぎたり、大きく振りすぎればロッドがぶれて、かえって飛距離を落としてしまうことに成りかねない。

コツとしては、右手の振り出しよりも、左手の引きつけを心掛けることと、11時の位置を越えてロッドの振り幅を大きくしすぎないこと。

力ではなく、ロッドの弾力を最大限引き出すことが、ロングキャストのコツと心得ていただきたい。

ラインを離すタイミングが大切。早すぎればルアーは空中高く上がりすぎ、遅れれば水面に叩きつけてしまう

次に、真っ直ぐキャストするための注意点をいくつかあげておく。

初心者に最も多く見られるのが、ロッドを振りかぶった際、体とロッドの向きがバラバラになっていること。

原因は、多くの場合、できるだけ遠くへキャストしてやろうという力み。必要以上の力は、マイナスにこそなれプラスにはならないことを覚えておいていただきたい。

さらに、キャスティングには、基本となるオーバーヘッドキャストの他、サイドキャストなどの方法もあるが、まずはオーバーヘッドできっちりと、正確に投げられるよう十分練習を重ねておくこと。

ロッドにルアーの重みを乗せ、その重さを前方に放り投げる、といったキャスティングのコツさえつかんでしまえば、ロッドをサイドに振って振り幅を広くしても、タイミングがズレて正確さを欠くことはない。

一にも二にも、基本をしっかり身に付けておくことである。

## オーバーヘッド・キャスト

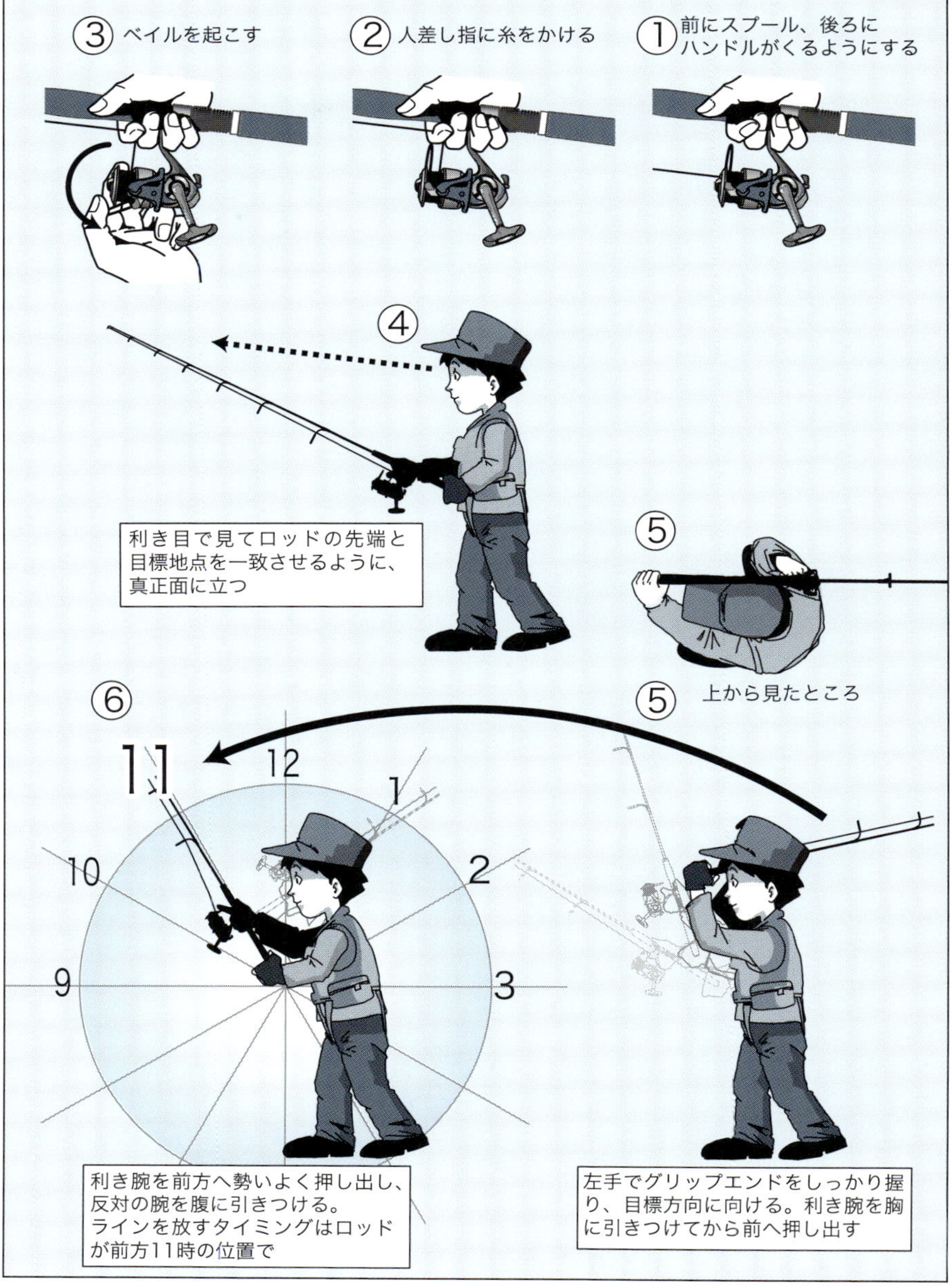
③ベイルを起こす
②人差し指に糸をかける
①前にスプールを、後ろにハンドルがくるようにする
④
利き目で見てロッドの先端と目標地点を一致させるように、真正面に立つ
⑤
⑤上から見たところ
⑥
11
12
1
2
3
9
10
利き腕を前方へ勢いよく押し出し、反対の腕を腹に引きつける。ラインを放すタイミングはロッドが前方11時の位置で
左手でグリップエンドをしっかり握り、目標方向に向ける。利き腕を胸に引きつけてから前へ押し出す

## エギングって即カンタン！

# 右利きなら左ハンドルのリールを！

### キャスト後にロッドを持ち替えずに操作できる左ハンドルが理にかなっている！

利き手にロッドを持ってキャストをすれば、ロッドを持ち替えずにリールを操作できるので使用が理にかなっている

ルアーフィッシングがブームになりはじめたころは、しばしばスピニングリールは右ハンドルがよいか左ハンドルがよいか、といった議論が頻繁に交わされた。

現在では、右利きの人は左ハンドル、左利きの人は右ハンドル、というのが常識となった感がある。

右利きの釣り人は右手にロッドを持ってキャストをするから、ロッドを持ち替えずにリールを操作できる左ハンドルの使用が理にかなっているというわけだ。

釣具店で販売されているリールの中には、右サイドにハンドルが付いているものと、左サイドに付いているものの2通りある。

どちらかといえば、右サイドに付いて

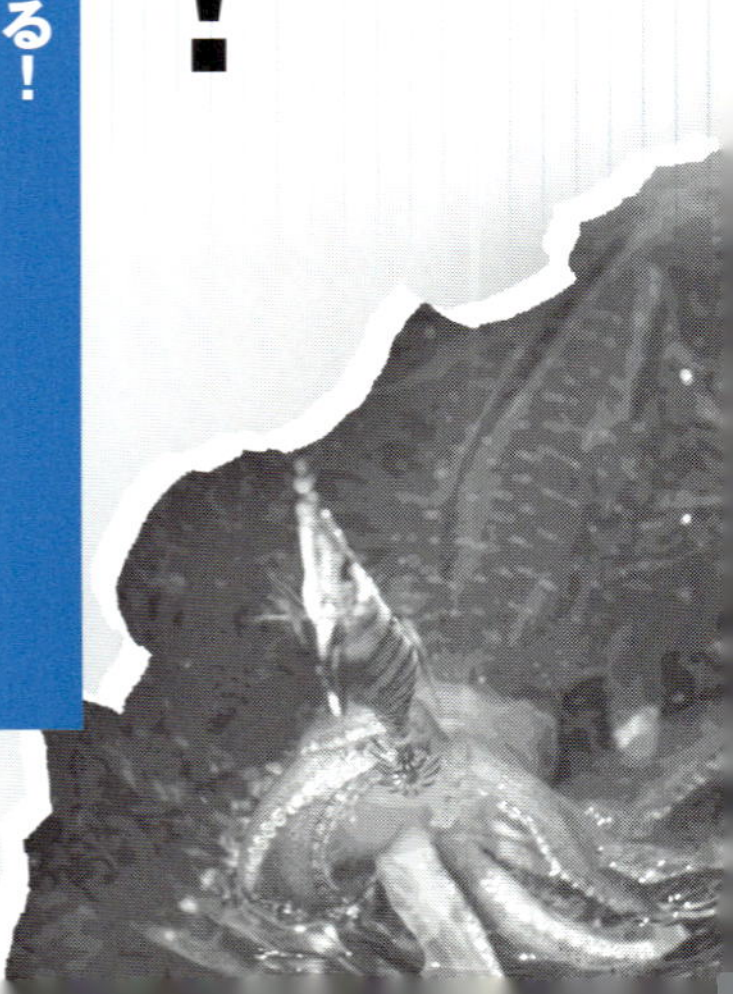

エギングのドラグ設定

手で直接ラインを引き出す感覚なら、ちょいとつまんで簡単に引き出せるぐらいの弱めのドラグセッティングが好ましい

いるタイプがまだまだ多いように思われるが、ほとんどのリールは簡単な作業で短時間にハンドルの左右を交換することが可能だ。

　購入したリールがもし仮に右ハンドルであったとしたら、最初に左ハンドルに付け替えてしまうべきである。

　自分で作業するのが不安なら、購入した際に釣具店でお願いすれば、速やかに交換してくれるに違いない。

## ドラグはかなり緩めの設定で

　次に、ドラグの強さの設定であるが、通常のルアーフィッシングとは大きく異なり、かなり弱めのセットが最適である。

　ドラグというのは、設定した以上の強さでラインが引かれた場合にスプールが滑り出し、ラインが切れてしまうのを防ぐ機能である。

　通常のルアーフィッシングでは、使用するライン強力の3分の1程度とされているわけであるが、エギングではずっと弱い設定が好ましいのだ。

なぜなら、強くしゃくった瞬間カウンター気味に、ズンッとアオリイカがヒットするケースが少なくない。その際、ズズーッと速やかにラインが引き出されなければ、ラインが切れたり、アオリイカの足が切れたりしてしまうことが少なくないからだ。

逆に、どれほど大きなアオリイカが掛かったところで、すべてのラインを引き出されたり、根の下に潜り込まれてしまうようなことは九分九厘ありえない。

あるいは、大き目のエギを鋭くシャープにしゃくり上げた際の、しゃくり切れを防ぐためにも、弱めのドラグセッティングが好ましいのである。

手で直接ラインを引き出す感覚でいえば、ちょいとつまんで簡単に引き出せるぐらい。さもなければ、エギを強くしゃくり上げた時に、ほんの少しズズッとスプールが逆転し、ラインが放出されるぐらい。一番よいのは、ベテランのセッティングを直接確かめて、覚えておくことである。

リールに関して、賢い利用法をひとつ付け足しておく。リールを購入する際に替えスプールを1個か2個、合わせて買い求める。

ほとんどのリールは簡単な作業で短時間にハンドルの左右を交換することが可能。ドラグの設定もすませておくこと

例えば、1つめのスプールにはPE0.6号を、2つめのスプールにはPE0.8号を、3つめのスプールにはPE1号を巻き込んでおけば、1台のリールが3通りの働きをしてくれることになる。

とにかくPEラインが高価であるため、別の釣り場や釣り物に挑むからといって、そうそう別の太さのラインに巻き替えたりすることはできない。

となれば、エギングとシーバスフィッシングは別のリールで、てなことになりかねないのであるが、交換用のスプールさえ準備しておけば、瞬時の切り替えが可能になるのだ。

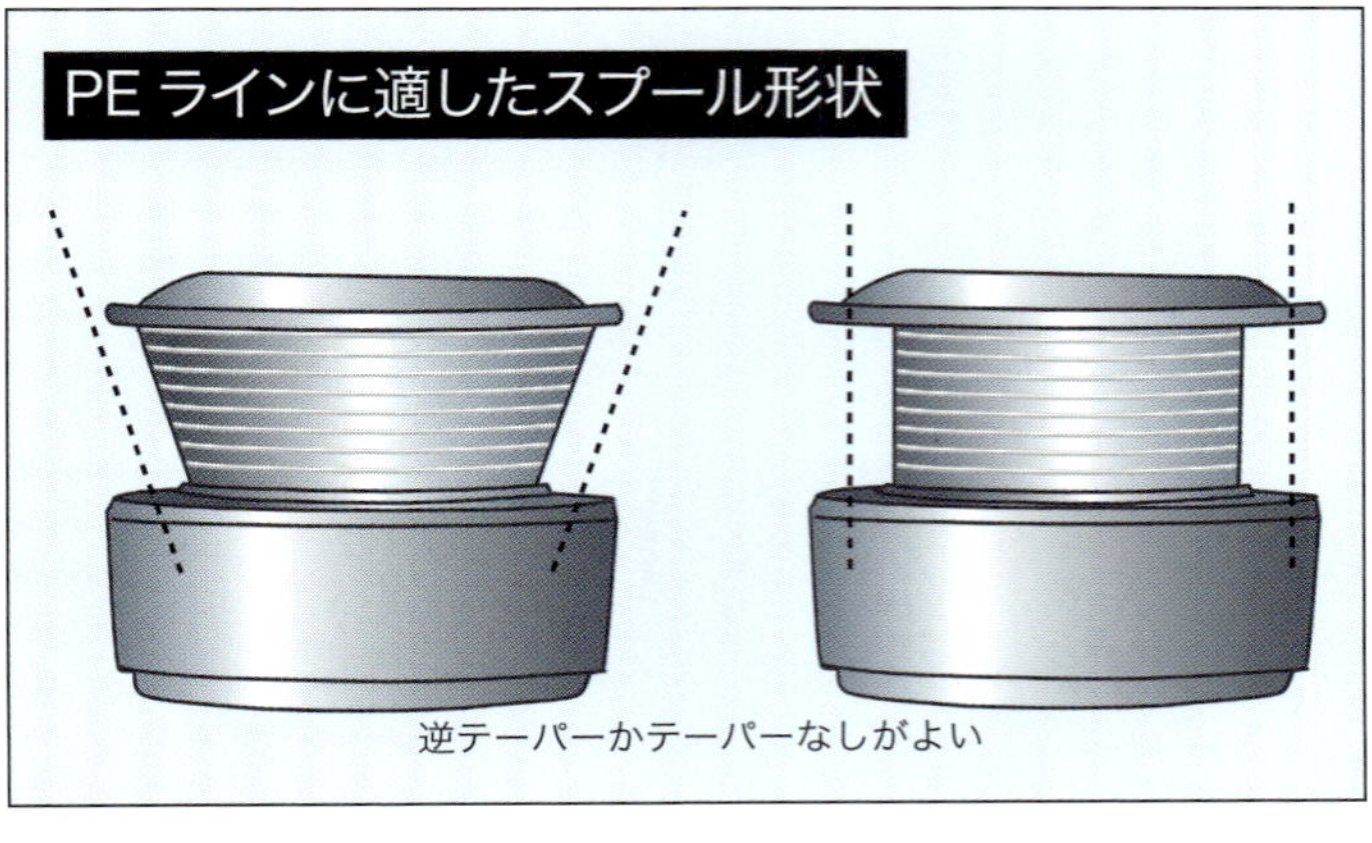
PEラインに適したスプール形状
逆テーパーかテーパーなしがよい

予算の許す限りハイグレードのリール

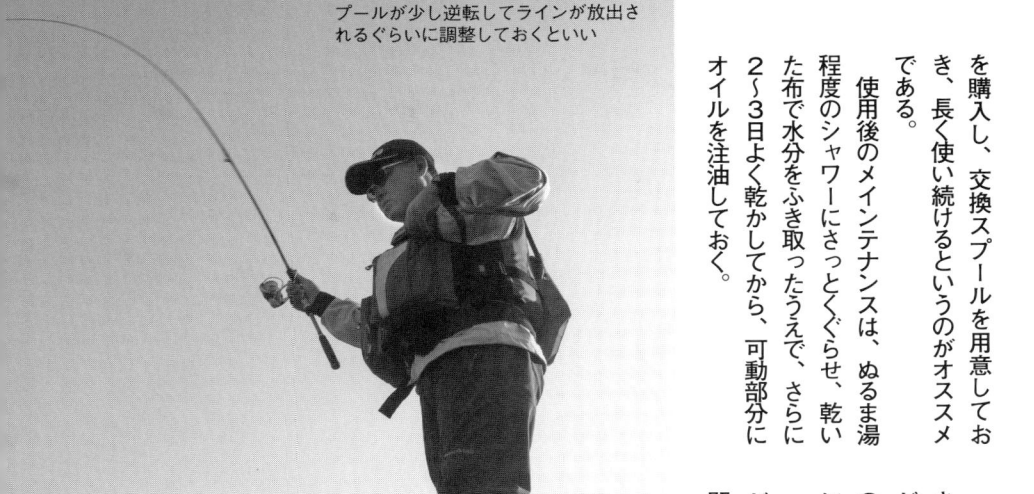

ドラグは強くしゃくり上げた時に、スプールが少し逆転してラインが放出されるぐらいに調整しておくといい

を購入し、交換スプールを用意しておき、長く使い続けるというのがオススメである。

使用後のメインテナンスは、ぬるま湯程度のシャワーにさっとくぐらせ、乾いた布で水分をふき取ったうえで、さらに2〜3日よく乾かしてから、可動部分にオイルを注油しておく。

ただし最近では、防水や防錆処理の施されたベアリングを使用しているリールが数多く発売されているため、シャワーの下でじっくり塩分を落とすことも可能になった。

リールの進歩はとどめ知らずであるが、完成の域に達しはじめていることは間違いない。購入の際の目安としては、錆に強いボールベアリングが使われていること、スプールの形状がPEラインの使用に適していること（逆テーパーかテーパーなし）。

そしてある程度使用したら、時にはメーカーに戻してオーバーホールをしてもらうこと。リールは、あくまでも精密機械であることをお忘れなく。

キャストしたあとで
持ち替えずにすむ
「利き手」にロッドを

エギングって即カンタン!

# エギの基本操作【1】

## まずはエギの着底を確認する術を学ぶ。風、潮で流されるラインも修正する!

キャストしたエギをボトムまで確実に沈め、しゃくりを繰り返しながらアオリイカを誘い、抱きつかせるのがエギの基本操作。

必要なテクニックとしては、狙ったポイントまでエギをキャストすること、確実にボトムまで沈めること、鋭くしゃくってアオリイカを惹きつけること、寄ってきたアオリイカにエギを抱かせる（掛ける）ことの４つ。

１つめのキャスティングについては、別項にて詳細に解説しているのでそちらを参考にしていただきたい。

２つめの、確実にボトムまで沈めることというのが、簡単そうで実は意外と難しい。

無風でベタナギの日並ならともかく、風が吹いていたり、流れがあったり、海面がザワついていたりすれば、初心者にはエギの着底がなかなか分かりづらいものだ。

エギの着底を判断できるかどうかが、釣果の差となって現れてしまうケースだって少なくない。そんな場面を、実際の釣り場で度々目撃している。

一般に、キャストしたエギの着底は、ラインのたるみで判断する釣り人が圧倒的に多い。

エギをキャストした後、リールのベイルを戻すことなくそのままラインを出し

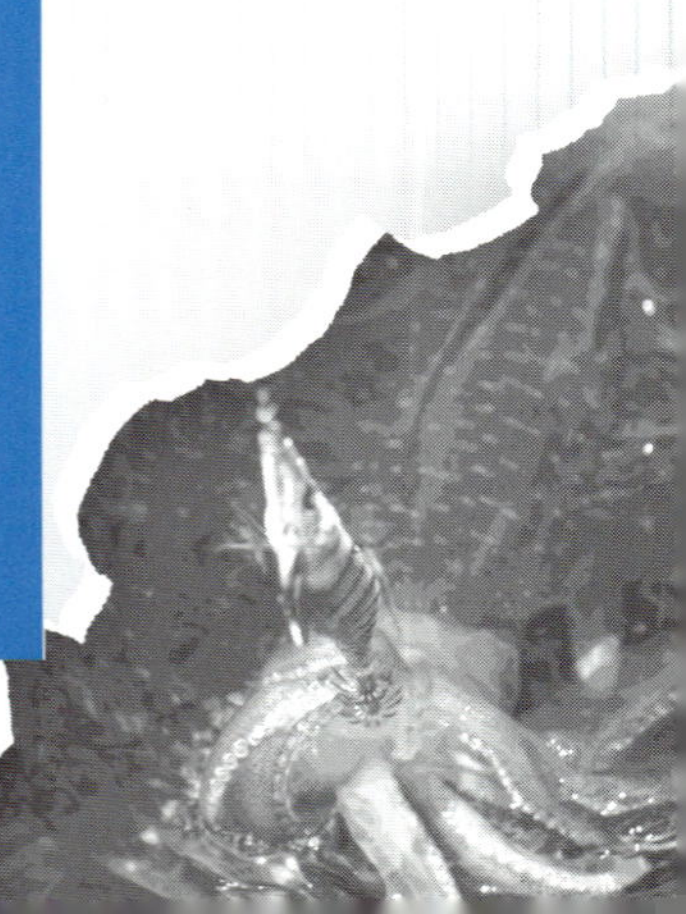

なるべくラインが風の影響を受けないように、キャストした後は竿先を海面近くへと持っていく

続け、パラパラと引き出されていたラインがフワッとたるんだ瞬間をとらえて、着底を見極めているのだ。

　そのタイミングを見逃すと、ラインは潮の流れに引かれて再びパラパラ出始め、そのまま延えんと出続けることになる。

　そうなれば、多くの場合は根掛かりを引き起こし、運が悪ければ決して安くない貴重なエギのロストという結果につながる。

　ではどうするか。具体的に注目しなければならないのは、水面に漂うライン。水面に航跡のような波紋を残しつつスーッと引かれている間はエギが沈んでいる証拠。エギがボトムに到達したのと同時に、波紋を引き起こしていたラインの動きがピタリと止まる。

　エギがボトムに到達した瞬間である。ところが水深が深かったり、風が強かったり、潮の流れが速かったり、水面がザワついていたりすると、その瞬間が実に分かりづらい。

　慣れないうちは、重量の重い大きなサ

イズのエギと交換するか、あるいは糸オモリなどの補助オモリを装着して重量を増し、確実に着底が分かるようにする。

## ラインメンディングも大切

風が強い場合の対処方法は、エギをできるだけライナー気味にキャストし、余分なラインスラック(糸フケ)が出ないよう心がけること。

エギの着底を感じるため、ラインを直接指で触れて確認する手もある

そのうえで、ロッドティップを下向きとし、ラインをできるだけ早く海面に張り付かせる。そうすることによって、ラインが風に吹かれ、なびいてしまうのを防ぐことができるからだ。

あとはそのままラインを送っていき、水面上のラインが引き起こす波紋が消えるのを待つ。

潮の流れが速い場合は、メンディングと呼ばれる方法が効果的だ。メンディングというのは、潮に流され湾曲したラインを、空中でターンさせるようにして、再び直線状に戻すこと。

元もとは、フライフィッシングでフライラインの向きを修正するために使われていた方法であるが、エギングの際にも効果的で、今や風の強い日の必須テクニックとして多くの釣り人が使っている。

具体的な方法は、キャストしたエギを沈めている最中、潮に流されラインがたるんだところで、縄跳びの縄を2人で大きく回すような感じで元の方向へ戻してやる。

再びラインが流されたらその都度何度でも行い、ラインのなびき具合を調整できるため、潮流ばかりでなく、風の影響を受けた際にも応用が可能だ。

水面やラインを見ることができないナイトエギングを展開する場合は、ラインの動きや水面の波紋を確認することができないため、ラインを通して伝わってくる感触に頼る。

あるいは、リールから吐き出されてゆくラインに注目し、フワッとたるむ瞬間を見定めること。

感触に頼る場合は、使用しているエギの沈むスピードを予め確認しておきたい。

ほとんどのエギのパッケージには、そのエギが1メートル沈むのにかかる秒数が記されているため、それを参考にするとよい。

カウントを数えつつおおむねの水深を一度把握してしまえば、後は、同じカウントをもって着底と見なしてもよい。あるいは、沈みの早いエギで水深を測っておき、水深が分かったところで、本来使用すべきエギと交換する手もある。

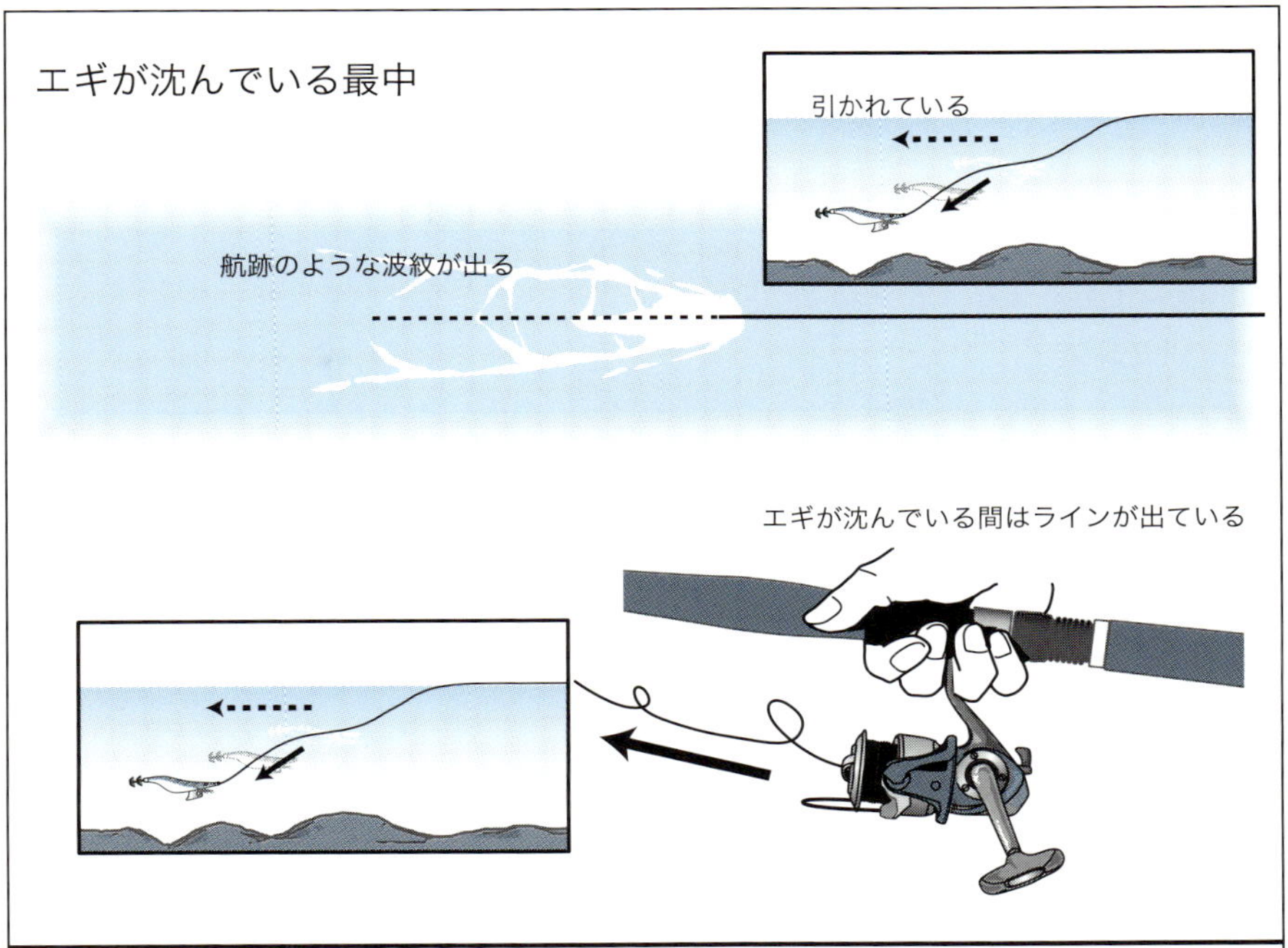
エギが沈んでいる最中
引かれている
航跡のような波紋が出る
エギが沈んでいる間はラインが出ている

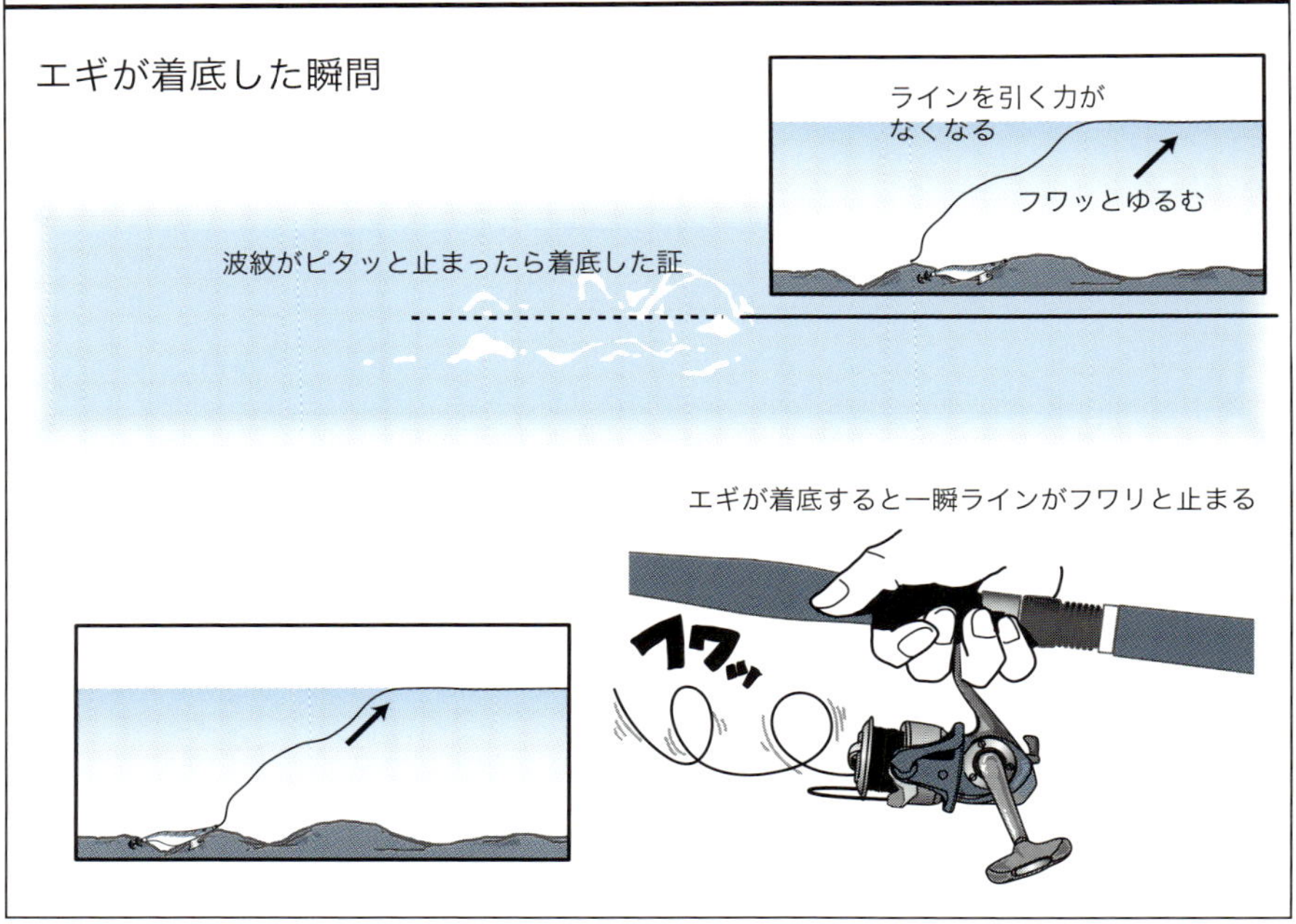
エギが着底した瞬間
ラインを引く力が
なくなる
フワッとゆるむ
波紋がピタッと止まったら着底した証
エギが着底すると一瞬ラインがフワリと止まる
フワッ

エギングって即カンタン!

# エギの基本操作【2】

## しゃくり。エギがバランスを崩してスライドするよう、急激に力を加えることだ!

基本は、片手の1段しゃくり。手首を返しながら、腕全体を頭上に突き上げるような気持ちでロッドを一気に振り上げる

ボトムまでエギを沈めたら、いよいよしゃくりを開始する。

しゃくりの基本は、できるだけ鋭く、その場でエギが跳ね上がるようにすること。鋭くしゃくってアオリイカに興味を与え、フォーリングに移行して抱きつかせるのが理想的なパターン。

アオリイカがエギに抱きつくための時間を長く取るためにも、できるだけ高く跳ね上げフォーリングに持ち込むのが理想だ。

しゃくりのパターンはいくつかある。1段しゃくり、2段しゃくり、3段しゃくり、片手しゃくり、両手しゃくりなどであるが、共通していえるのは、エギがバランスを崩してスライドするよう、

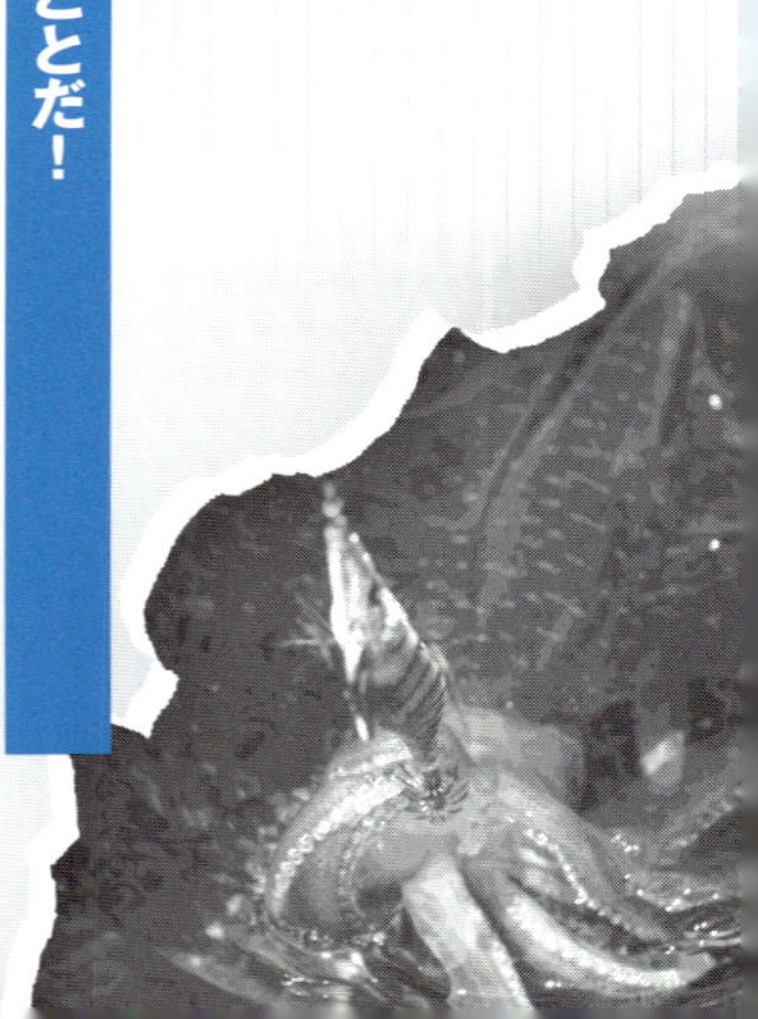

底場の大型狙いのしゃくり方
※しゃくりは激しく!!
キャストしたエギが着底したら、できるだけ激しくしゃくり上げそのまま沈める。エギを引くのではなく跳ね上げる感覚で！

急激に力を加えること。

ラインを、ほんの少したるませ気味にしておき、そこから一気にしゃくり上げる。ゼロのスピードから一瞬のうちに100のスピードに持ち込む感じ、といったらお分かりいただけるだろうか。

そうすることによって、エギが手前にスーッと移動するのを防ぎ、勢いよく真上に跳ね上がるのだ。

片手の1段しゃくりで難しければ、両手の1段しゃくりか片手の2段しゃくりで、それでも難しければ、両手の2段しゃくりと、なにがなんでもエギを跳ね上げることである。

基本は、片手の1段しゃくり。

構えは、自然体で立った状態のまま、ロッドを持った手のヒジを軽く曲げ、ロッドティップを下向きにする。手首を返しながら、腕全体を頭上に突き上げるような気持ちでロッドを一気に振り上げる。

その際、ラインとロッドがムチのように、ビシッと鋭い音を発するようなら、上手くしゃくり上げることができた証拠。

ロッドが長目であったり、エギが大きめで上手くしゃくれない場合は、まず1段目を軽く跳ね上げておき、その動きが消えないうちに2段目を強く跳ね上げる。

すなわち、1段目は2段目のための前段ということになる。

2段目をしゃくり上げた段階で、高さが不十分と感じた場合は、3段目のしゃくりを追加してもよい。しゃくりを重ねれば重ねるほど、エギは高さを増し、フォーリングに切り替えた際の時間が長く取れる。

ヒットの瞬間は突然やってくるが、合わせを入れる必要はない

両手でしゃくる場合は、左手をグリップエンドに添え、下方向に強く押し出しながら行う。

片手しゃくりを繰り返すことによって起こりやすい腱鞘炎などの予防のためにも、両手しゃくりをオススメしたい。

以上の他にも、色いろなしゃくりパターンで成果を上げている人もいる。

例えば、水中の1点でエギをサスペンドさせたまま、小刻みにシェイクし続けるという方法は、ナイトエギングやアオリイカの動きが鈍い低水温時に威力を発揮する。

イメージとしては、水中でエギが浮き上がりもせず沈みもせず、頭を上下に振り続けているといった感じ。

じれたアオリイカがやがて我慢しきれず飛びついてくるか、一瞬止めてフォーリングに持ち込んだ際、素早く抱きついてくるのを誘う。

ともあれ、効果的なしゃくりが、アオリイカに対して強くアピールすることを覚えておいていただきたい。

## グンッと来たら合わせは不要

最後の詰めともいえるフォーリングは、基本的にはフリーフォール、すなわち、ただ自然に沈めてゆくだけでよい。

しゃくりでエギに十分興味を持ち、十分じらされている状態ができ上がっていれば、フォーリングに切り替えるや否や、すぐにガッチリ抱きついてくるものである。

もしも、釣行の際に、見えるアオリイカと対峙する機会に恵まれたなら、エギをしゃくったり沈めたりしつつ、エギの動きに対するアオリイカの反応をじっくり観察してみるとよい。

実際に目で見た経験があれば、沖合の深場で駆け引きをしなければならない状況になったとしても、頭の中でイメージを作り上げることも、それを持続させることもたやすいハズだ。

ヒットの瞬間は、突然やってくる。しゃくりの動作に移った際ズンッと来て一瞬動かなくなったり、フォーリング中にラインがツーッと走って行く場合など、パターンは色いろ。

共通しているのは、ズンッときた後、ラインを張り気味にしてしばらく待つと、グンッグンッグンッと生き物の動きが伝わってくること。

そこからさらに合わせを入れる必要はない。大きさにもよるが、沖に向かって走っている間はじっと待ち、引きが止まったらすかさずリールを巻いて引き寄せにかかる。

根の下に逃げ込むことはないので、落ち着いてゆっくり寄せてくる。取り込みは、専用のギャフを、頭から胴体にかけてのどこかに引っ掛けて引き上げる。

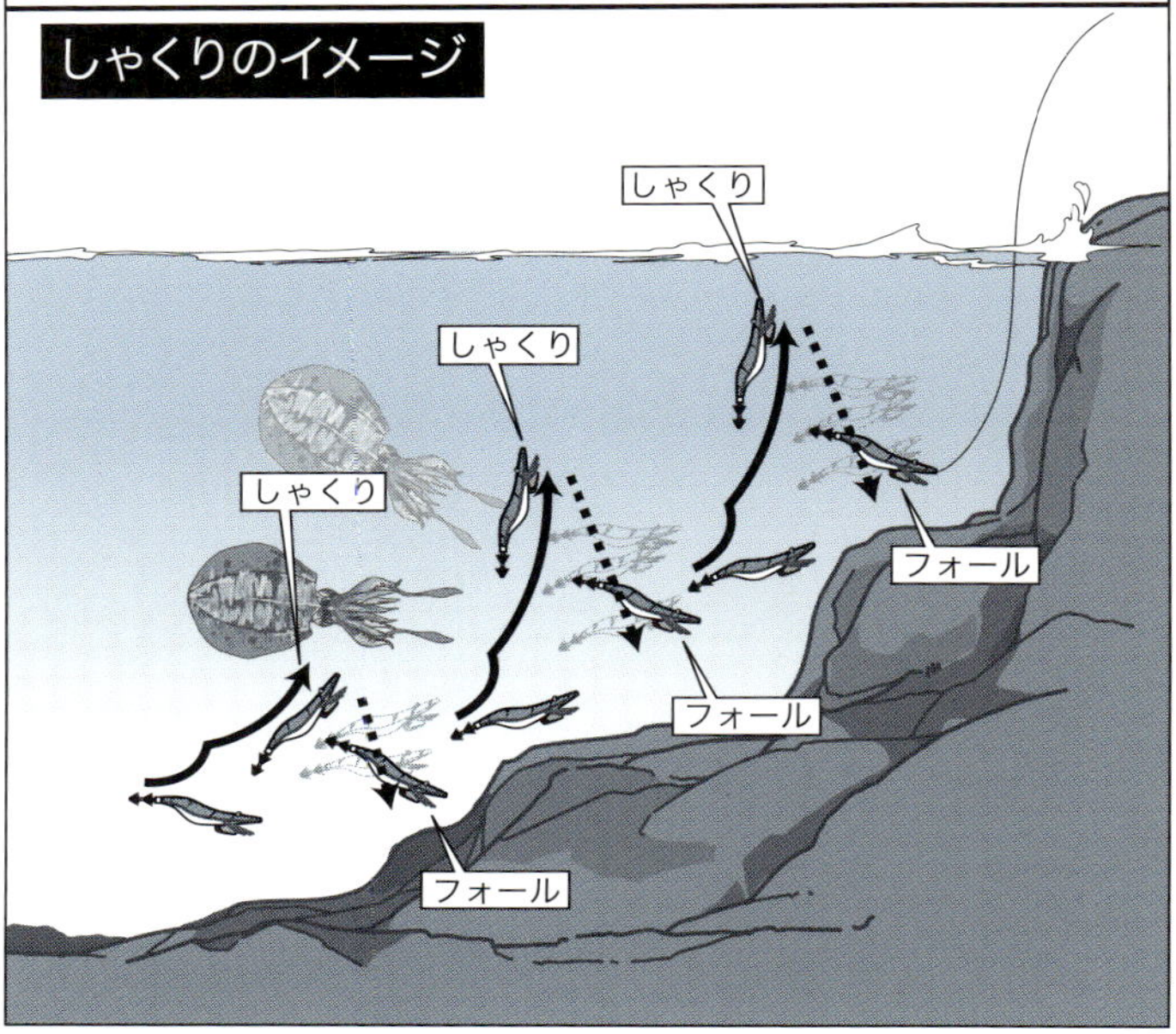

エギングって即カンタン!

# 小型イカでテクを磨け!

**小型のアオリイカを釣るのは、実に難しく、面白く、勉強になるのである!**

　一般的な釣り人にとって、小型イカとはいったいどれぐらいのサイズをいうのだろうか。

　ある人は、100～200グラム以下を指していっているのかもしれないし、またある人は、300～400グラム以下を指してそう呼んでいるのかもしれない。

　あるいは、具体的な重さではなくコロッケサイズ、またはトンカツサイズ以下を小型としているのかもしれない。

　もちろんそれらは、釣り人個人の感覚だけでなく、場所によっても、時期によっても変わってくるのは当然のことだ。

　それら基準はどうであれ、小型のアオリイカを釣るのはけしからん、と独断と偏見に満ちた正義を口にする釣り人も少

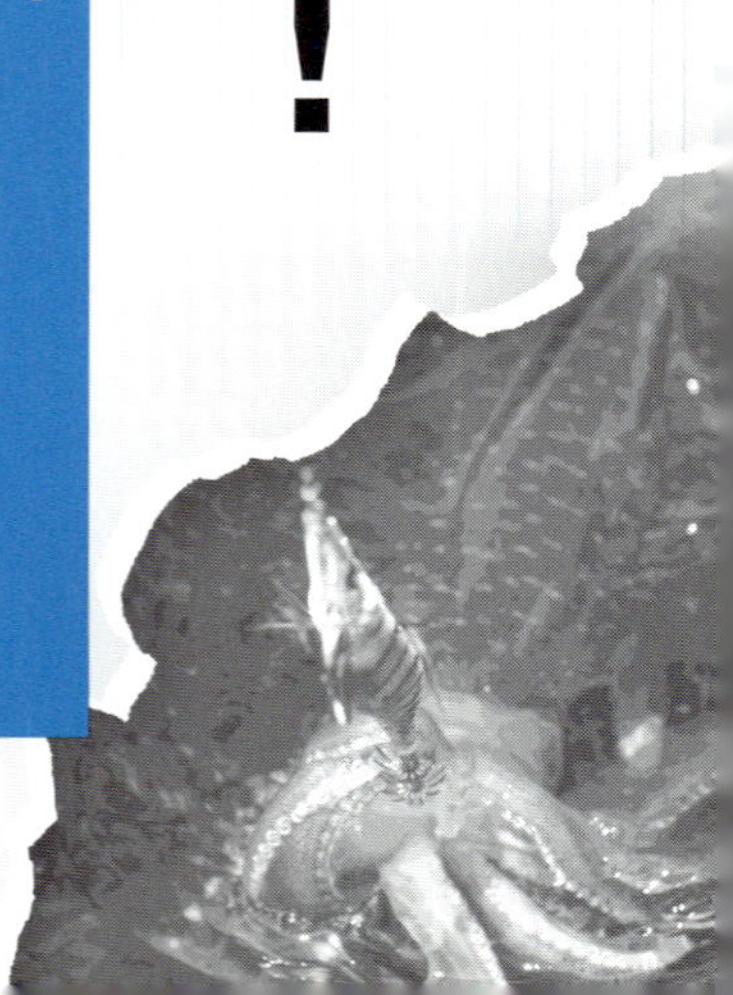

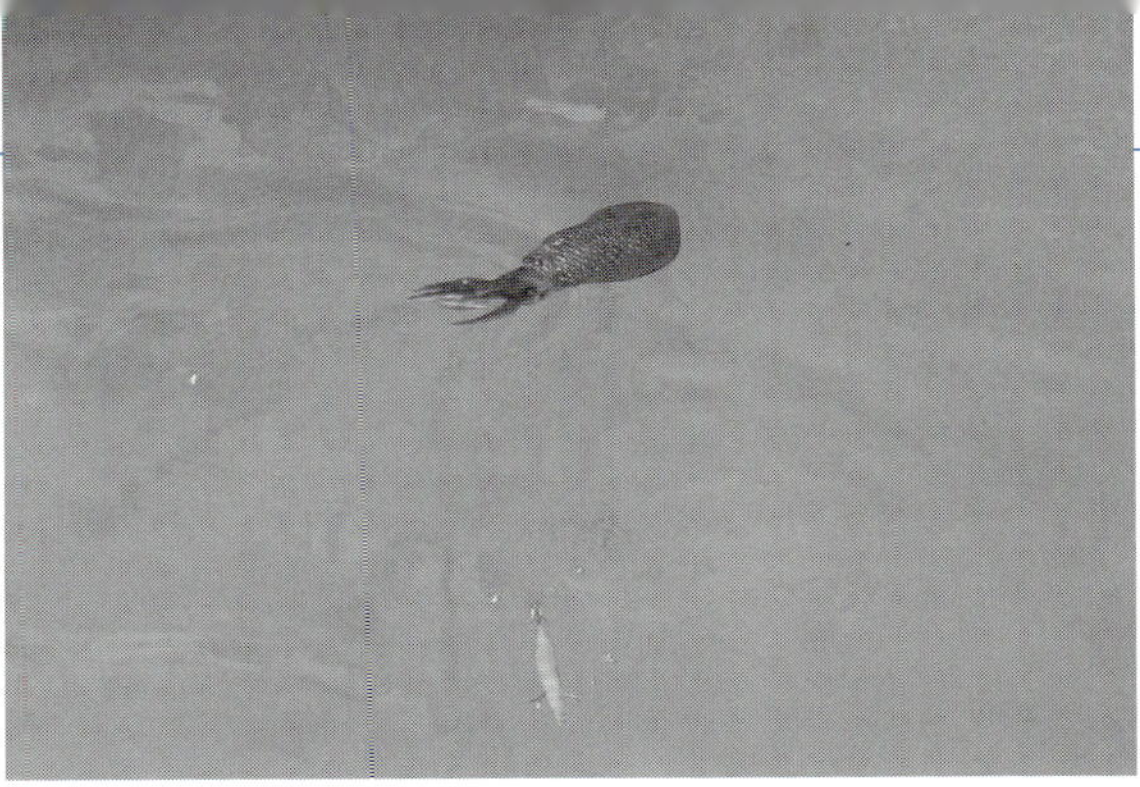

スレた見えイカをエギに乗せられれば、もう一人前!?

小型イカのサイトフィッシングは面白く、難しい。間違いなくスキルアップにつながる

小型イカって
どれぐらい？
コロッケサイズ？
トンカツサイズ以下？

なくないが、ちょっと待っていただきたい。

真剣に挑んでみると、小型のアオリイカを釣るのは、実に面白いのである。実に勉強になるのである。そしてまた、実に難しいのである。

少なくとも、いさえすればいとも簡単にエギに抱きついてくる大型よりは、ずっとずっと難しい。狙いもせずに良識がない！　と切り捨てるのは簡単であるが、いざ狙ってみれば、その難しさと面白さに気付くハズ。

可愛そうというのなら、釣ったそばから速やかにリリースしてやればよいではないか。ともあれ小型イカのサイトフィッシングはためになる。間違いなく、スキルアップにつながる。

## 小型アオリイカを釣る方法

最初から見えているイカであれ、エギをしゃくってきて追ってきたイカであれ、基本はサイトフィッシング。前項のとおり、鋭くしゃくって活性を高めておき、フォーリングに持ち込んで抱きつかせるという基本は変わらない。

　従って、攻略の第一歩はそれでよいのであるが、予想以上にスレていて思うように抱きつかせることができなかったり、どうしても今一歩、距離を詰めることができなかったりする場合がある。

　とりわけ、ターゲットが小型主体の時は、フォーリングの繰り返しだけでは不十分だ。そこで、ロッドで吊り下げるように、水面すれすれの位置でエギをキープし、おじぎを繰り返すように躍らせ続ける。

　通常、エギは前下がりの姿勢をとりながら沈んでいくよう設計されているため、ラインにテンションさえかけなければ下向きになる。その状態から、エギの位置は変わらないままエギの姿勢だけが前上がりになるよう、ロッドでエギを引き上げてやる。

　さらにラインを緩めれば、エギは再び下向きになる。その操作を何度も繰り返せば、エギは水面の同じ位置をキープしつつ、頭を上下に振り続け、アオリイカを誘い続けることになるのだ。

　やがて、我慢しきれなくなったアオリイカが自らエギに接近し、触腕を伸ばして抱きつくという寸法だ。

これはトンカツとコロッケの間くらいのサイズ。数の多い小型イカと真剣に遊んでいただきたい

　さらにその応用編として、ハイテクニックをいくつか列記しておく。

　水面付近のシェイキング（エギの頭を上下に揺すり続ける動き）でエギとアオリイカとの距離が十分詰まったにも関わらず、どうしても抱きつかない場合は、シェイキングを止めてみたり、スローなシェイキングに切り替えてみるのも効果的だ。

　要は、継続していた動きに変化を与えてやるということである。また、水面のシェイキングに寄ってこないアオリイカに対して、水中からのシェイキングで水面まで引き上げてくるという方法もある。

　具体的には、見えるアオリイカと同じレンジまでエギを沈め、そこからエギをシャイクしつつゆっくり引き上げてくるという方法。1度でダメなら、何度でも繰り返すことによって、徐々にエギとの距離を詰めることができる。

　いずれの場合も、ターゲットは小型イカとなる場合が多いので、使用するエギも2.5号以下の小型主体となる。

サイトフィッシングにおける小型イカとの勝負は、アオリイカがエギの動きやエギそのものにスレていく過程との勝負でもあるため、あまり単調な動きを続けないことと、同じエギを使い続けないことが肝心である。

従って、ピンク系、オレンジ系でもベースカラーの異なるエギを持参するか、別のカラーのエギを準備しておくとよい。

ともあれ、サイトフィッシングで挑む小型イカ相手のエギングは、間違いなく釣り人の実力を向上させる。数の多い小型イカと真剣に取り組んで、スキルアップを目指していただきたい。

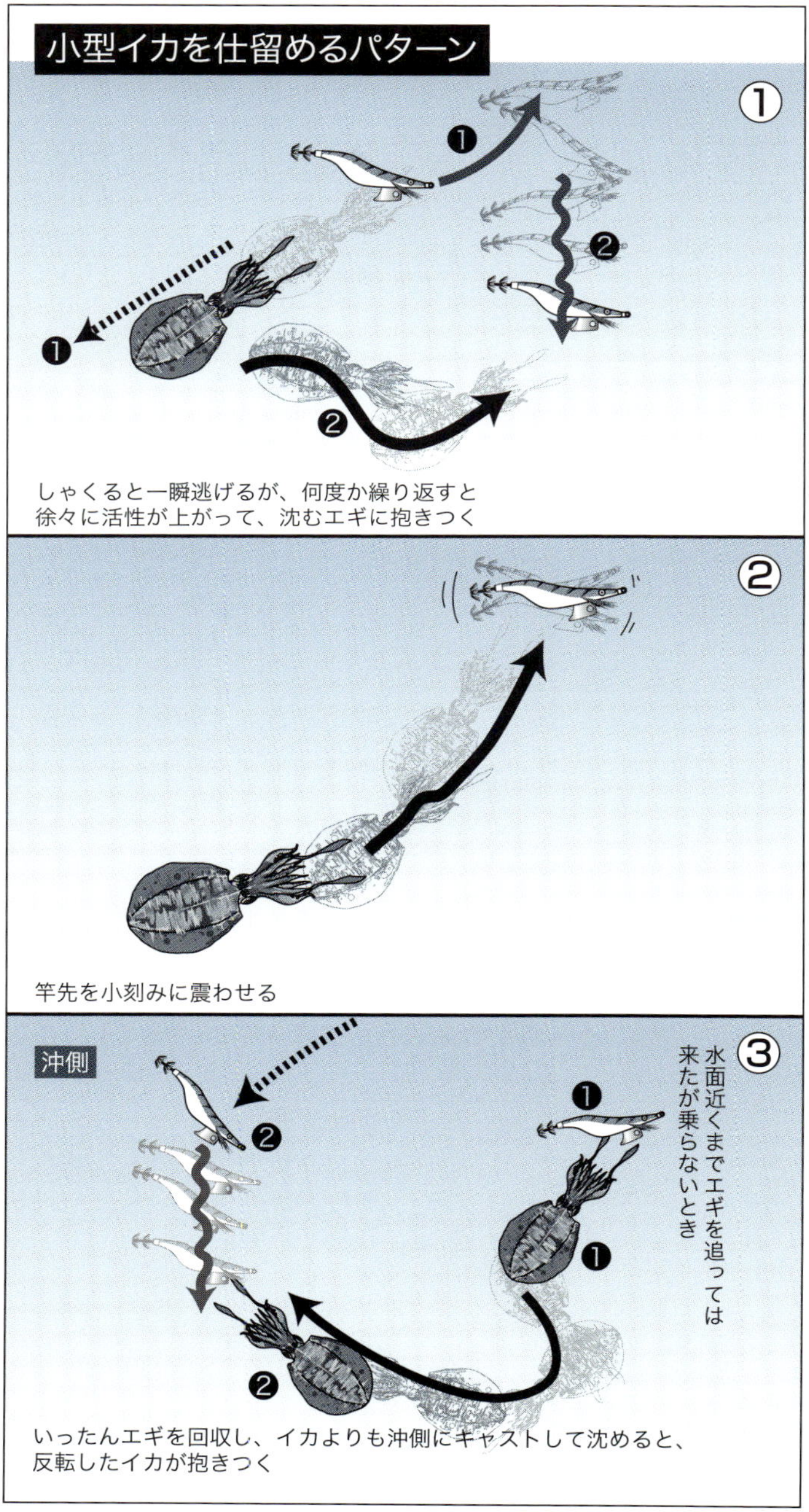
小型イカを仕留めるパターン
①
❶
❷
しゃくると一瞬逃げるが、何度か繰り返すと徐々に活性が上がって、沈むエギに抱きつく
②
竿先を小刻みに震わせる
③
沖側
水面近くまでエギを追っては来たが乗らないとき
❶
❷
いったんエギを回収し、イカよりも沖側にキャストして沈めると、反転したイカが抱きつく

エギングって即カンタン！

# 見えイカはこうやって釣る！

## 見えているアオリイカは、しゃくりで誘い、フォールで抱かせるのが基本！

エギングをしながら日がな海辺をさまよっていると、水中に1杯、または数ハイのアオリイカを発見することがある。

以前であれば、「見えるイカは釣れない」と諦めていた。ところが日中でもエギングで十分に狙えることが分かった現在では、よほどのスレッカラシでもない限り、「見えるイカは必ず釣れる」というのが常識になった。

目の前に群れるアオリイカをすべて釣り上げることは難しいが、そのうちの数杯を釣ることは実にたやすい。

見えている魚に挑むことを、「サイトフィッシング」と呼んでいるが、日中エギングの真骨頂は、まさに、日中のサイトフィッシングにある。

見えるアオリイカを手玉に取るように釣り上げることは、釣り人として至福である。

アオリイカの大小を問わず、まずは、見えるイカを確実に釣り上げる方法を覚えていただきたい。

エギングの基本は、常に、しゃくりでおびき寄せ（興味を持たせ）、フォールで抱かせるという2点に尽きる。

したがって、すでに見えているアオリイカであれば、しゃくって寄せる必要がないため、アオリイカの近くにエギをポチャリとキャストし、目の前まで引いてきて、そのままフォーリングに持ち込めばよいことになる。

たったそれだけのことでアオリイカがエギに向かって突進し、躊躇せず抱きついてしまうのであるが、その場合はフォーリングスピードの遅い小さめのエギが効果的。

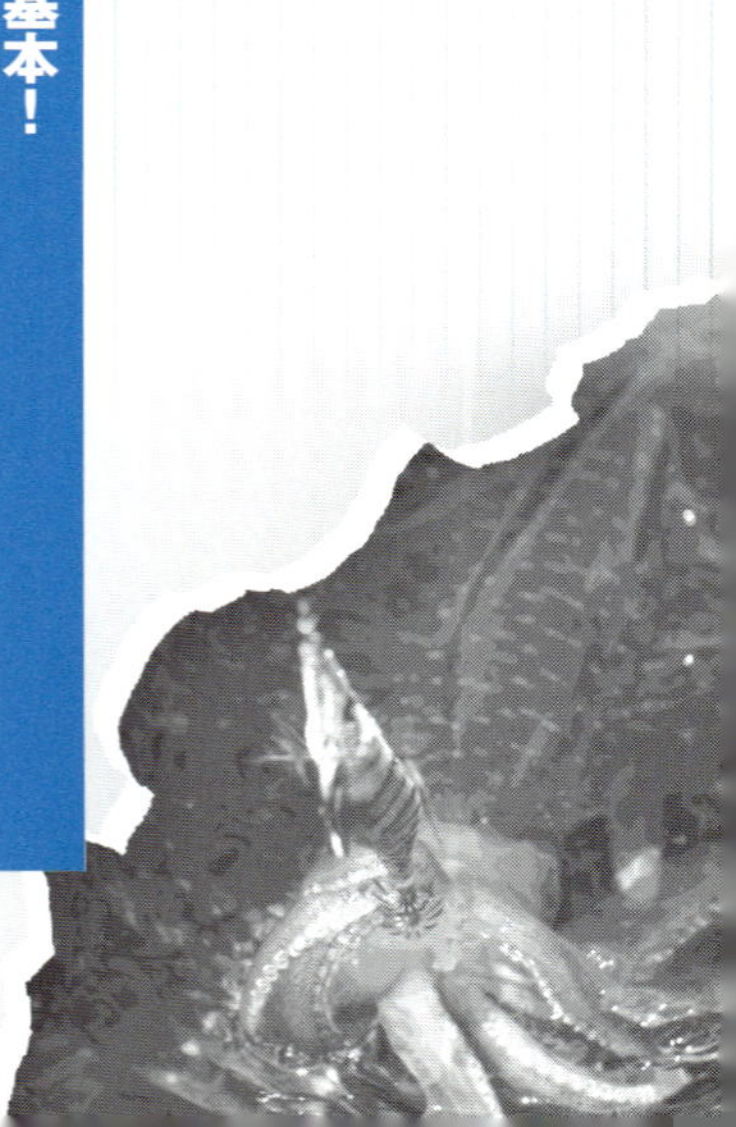

ポイントの状況を把握するのはもちろん、アオリイカが見えていないかも確認するといい

小型のアオリイカが多い秋なら2.5号。春の大型シーズンなら3号といったところだろうか。

見えイカの基本的攻略法は前述のとおり、アオリイカの5～10メートルほど沖目にエギをキャストし、アオリイカの近くまでスーッと引いてきて、目の前でフリーフォールに切り替えてやる。

フリーフォールというのは、そのまま何もせずエギを沈めてやること。

活性の高いアオリイカであれば、沈んでゆくエギにスーッと近づいてきて、がっちり抱きついてしまうハズだ。

## 警戒心を持ったイカを乗せるには

厄介であり、かつ面白いのは、多少の警戒心を発揮して、エギに興味は示すものの、なかなか抱きついてこないアオリイカ。

そんな時は鋭いしゃくりで興奮させておき、興奮が最高潮に達したところでフォーリングに切り替え、抱きつかせる。

1度でダメなら2度、2度でダメなら

３度といった具合に、うまくゆくまで何度でも根気よく繰り返すこと。

エギを強くしゃくった際、アオリイカが一瞬驚いて２～３メートル、パッと遠ざかるものの、そのまま逃げ去ってしまうわけではなく、離れた所でとどまっていて、フォーリングに切り替えるとすぐさま近寄ってくる。

したがって、しゃくりは自信を持って、鋭く、力強く、思い切ってやってみること。

弱々しく曖昧なしゃくりは、かえってアオリイカに警戒心を与えてしまう結果となりやすいからだ。

しゃくりとフォーリングを繰り返しても、エギとアオリイカの距離が一向に詰まらないケースがしばしばある。

しゃくりとフォーリングを繰り返して、エギとアオリイカの距離を詰めてチェックメイトだ

そんな時は、いったんエギを引き上げてしまい、手っ取り早くアオリイカの近くへキャストし直してみるとよい。

その際、アオリイカの手前側へキャストを行うのではなく、やや沖側へキャストし、スーッと引いてきて、十分近づいたところでフォーリングに切り替えるのがコツだ。

それでもなお、アオリイカがエギに抱

# 見えイカはこうやって釣る!

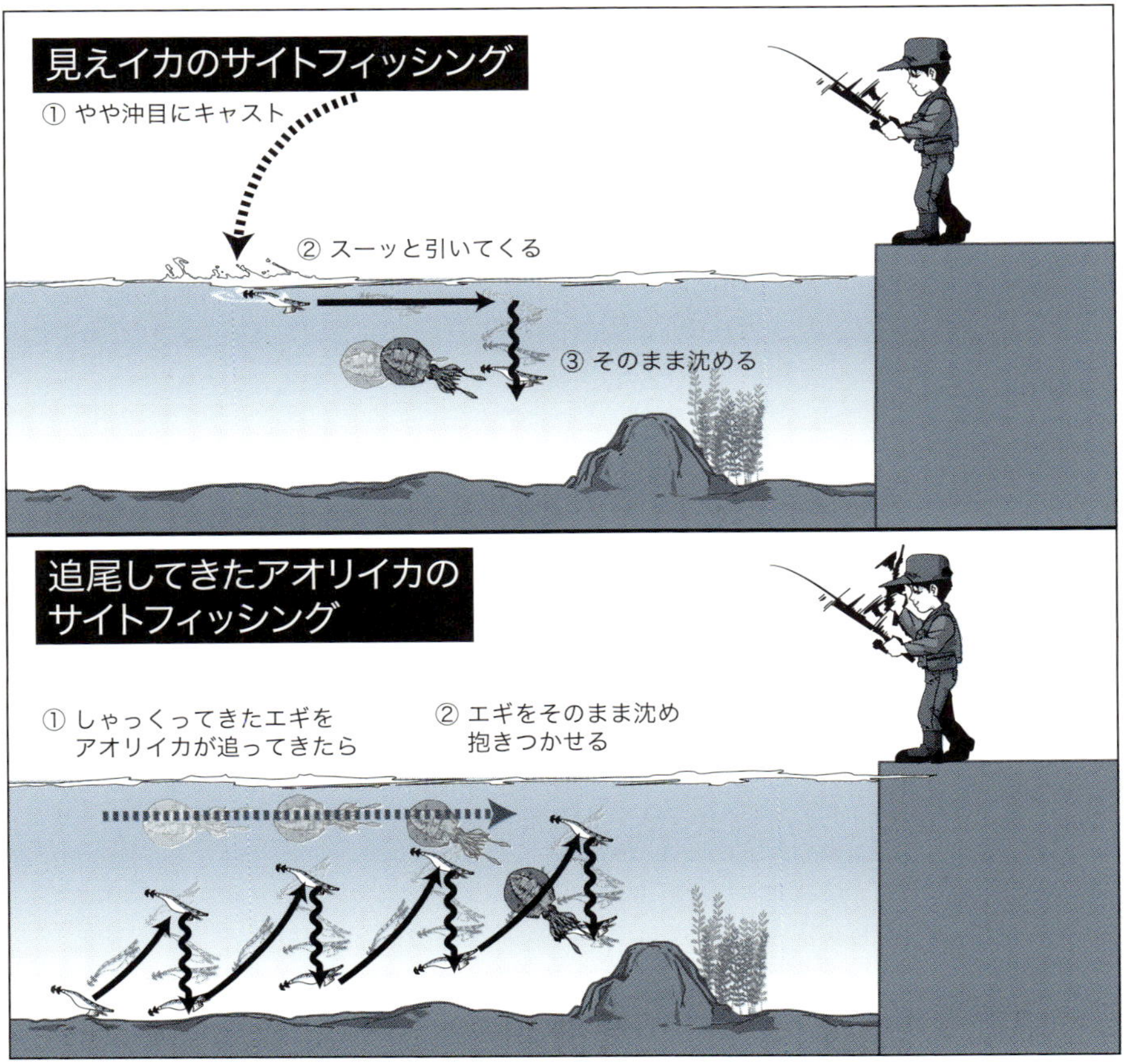
見えイカのサイトフィッシング
① やや沖目にキャスト
② スーッと引いてくる
③ そのまま沈める
追尾してきたアオリイカの
サイトフィッシング
① しゃっくってきたエギを
アオリイカが追ってきたら
② エギをそのまま沈め
抱きつかせる

きついてくれないときは、素早くエギをワンサイズ小型のものと交換してやる。目先が変わるだけでなく、エギが小さくなればフォーリングスピードが遅くなり、アオリイカがエギに抱きつくタイミングが長くとれるようになるからだ。

小型エギの持ち合わせがない時や、すでに最小のエギに切り替えてしまっている時は、エギのカラーを変えてやるだけでも十分効果がある。

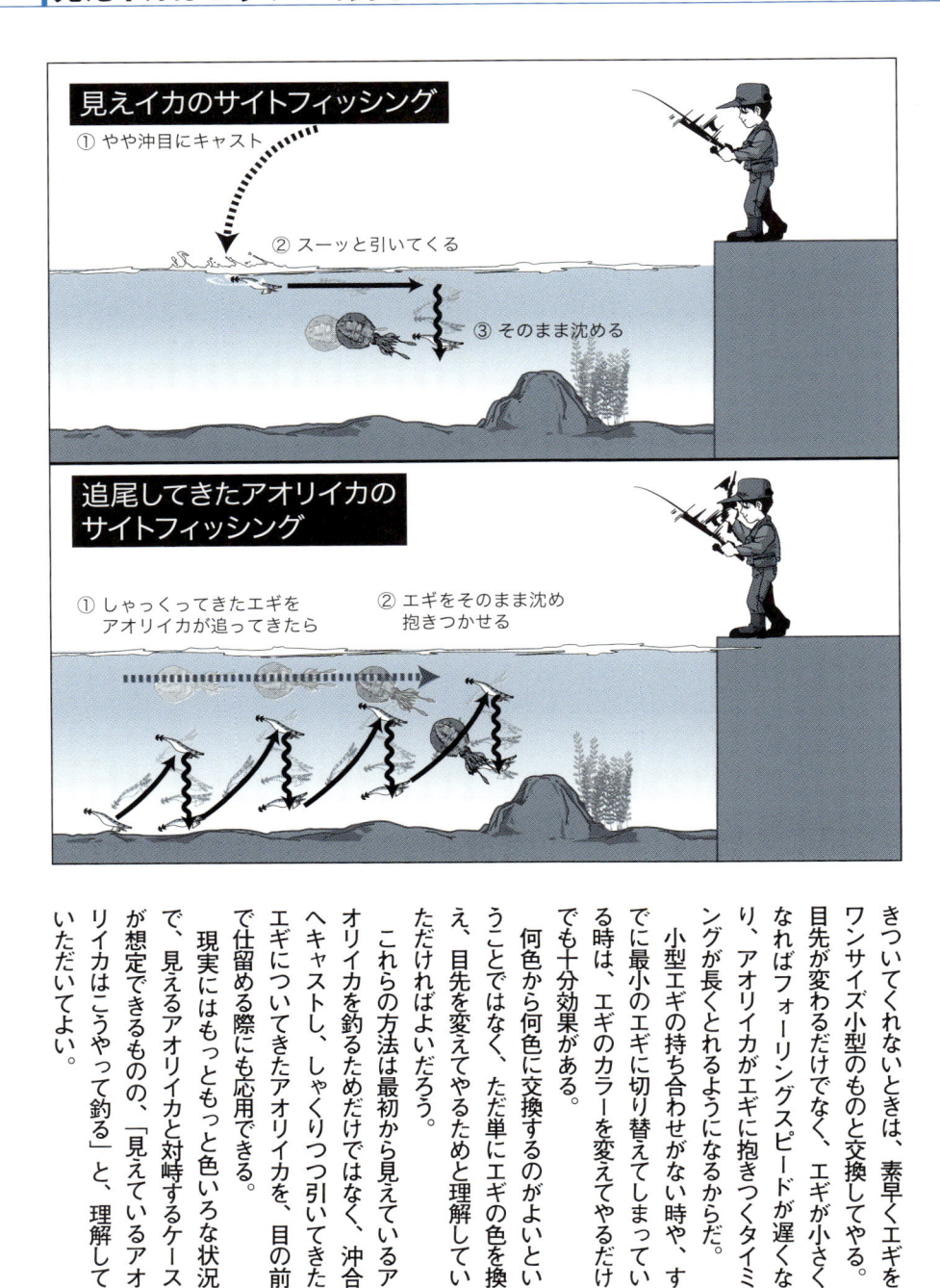

何色から何色に交換するのがよいということではなく、ただ単にエギの色を換え、目先を変えてやるためと理解していただければよいだろう。

これらの方法は最初から見えているアオリイカを釣るためだけではなく、沖合へキャストし、しゃくりつつ引いてきたエギについてきたアオリイカを、目の前で仕留める際にも応用できる。

現実にはもっともっと色いろな状況で、見えるアオリイカと対峙するケースが想定できるものの、「見えているアオリイカはこうやって釣る」と、理解していただいてよい。

## エギングって即カンタン!

# 春の大型イカを狙い撃つ!

### でっかいアオリイカを狙い撃つなら、沖目で勝負。実績釣り場で粘ってみる!

春から初夏は、キロオーバーといった大きなアオリイカが期待できる。自己記録を更新するチャンスだ

キロオーバーといった大きなアオリイカが釣れるのは、春から初夏にかけて。そこそこ釣果が安定していて、しかもアベレージがでかいのが特徴である。秋のように数釣りは望めないものの、冬ほどの厳しさもない。

この時期のエギングには、秋のように見えるアオリイカを探して狙い撃つパターンと、沖の深場やカケ上がりをじっくり探るパターンの2通りがある。

見えるアオリイカを探して釣る方法は、秋の小型イカ狙いのそれと変わらないので、ここでは割愛させていただくこととし、もう一方の、遠投して沖合で勝負する方法を紹介させていただくことにする。

でっかいエギを遠投し、深く沈めて、でっかいアオリイカを狙い撃つのも楽しいもの

使用するエギのサイズは、3.5号を標準としたいところであるが、大型のみにこだわる場合や、先行者に攻められていない沖合のポイントを狙い撃つ場合などは、さらに大きな4号か4.5号が有効となる。

ともあれ、でっかいエギを遠投し、深く沈めて、でっかいアオリイカを狙い撃つのも楽しいものである。

具体的な釣り方としては、ここぞとおぼしきポイントに向け、エギをできるだけ遠くへキャストする。エギが着水してもすぐにリールのベイルを元に戻さず、エギに引かれるままにラインを送り出していく。

フワッとラインがフケ、着底を確認したら、余分なラインを素早く巻き取り、しゃくりを開始。

しゃくりは、日中エギングの基本どおり、鋭く、強く行うことになるが、重量のある大きなエギで、しかも、遠く深く離れているわけであるから、普段にも増して気合を入れて大きく跳ね上げねばならない。

## エギを大きく跳ね上げろ!!

イメージとしては、常に真上に跳ね上げるような気持ちでしゃくりを繰り返す。

遠くのエギをロッドで引くわけだから、真上になど跳ね上がるハズがないとお思いのアナタ、強くしゃくられたエギは、ほとんど真上に跳ね上がるものなのです。

実績のある釣り場で粘り続けていると、突然ドンッとくることもある

信じられないというのであれば、視界の中にある水中のエギで試してみるがよい。水中でふわりと沈みかけたエギを、ロッドで強く、急激にしゃくってみれば一目瞭然。グイと真上に、時には斜め上方に、不思議なくらい跳ね上がるのである。

逆にいえば、ビシッとしゃくって、跳ね上がらないエギはなど使いようがない。エギケースの中から、即刻退去を命じるべきだろう。

跳ね上げたエギは、再びフォーリングに移り、ボトムまで沈める。沈めたまましばし待って、またしてもしゃくる。その繰り返しだ。

もうひとつ、重要なことは、大型のアオリイカはそれほど広くない範囲を回遊しているため、ある程度粘ることも必要である。

通常、日中エギングでアオリイカがヒットしてくるのは、釣り場に入って数投であるケースが極めて多い。

これはすなわち、アオリイカはよほどスレていない限り、目の前にエギを差し出されれば、高い確率で飛びついてくるという証に他ならない。

しかも、姿形からは想像しにくいけれど、相当遠くからすっ飛んできて、エギに抱きつく。すなわち、近くにアオリイカがいさえすれば、数投以内にヒットしてくる確率は極めて高いのである。

ところが、こと大型のアオリイカに限った話となれば、さらにいくつかを付け足しておかねばならない。

どういう目的なのかはよく分からない

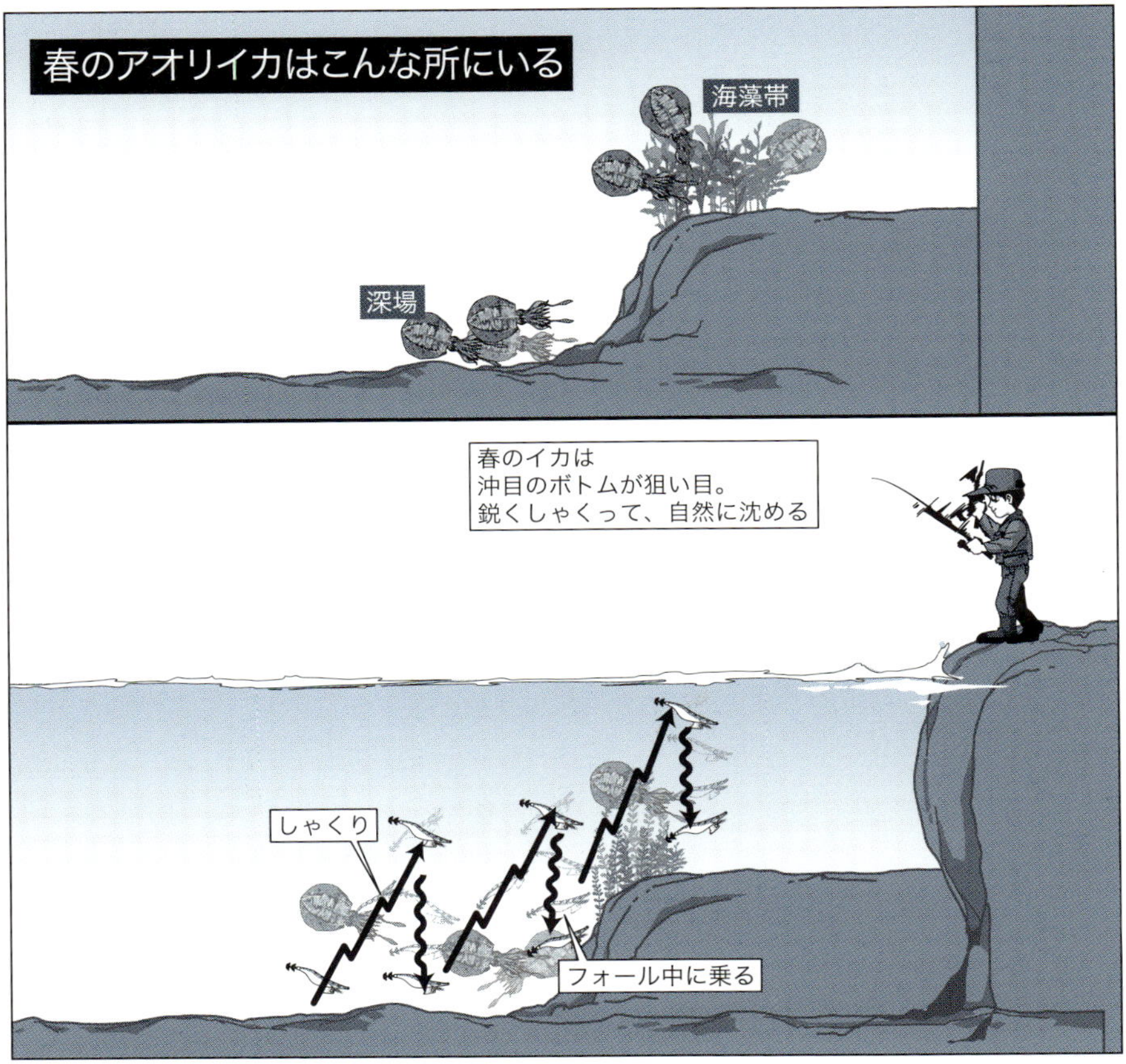
春のアオリイカはこんな所にいる
海藻帯
深場
春のイカは
沖目のボトムが狙い目。
鋭くしゃくって、自然に沈める
しゃくり
フォール中に乗る

が、中小型のアオリイカに比べ一ヶ所にとどまらず、常に回遊している固体が少なくないのである。

例えば、堤防の先端付近で延えんとエギをしゃくり続けていたとしよう。多くの釣果がスタート直後から30分以内に偏るのは、当然の結果である。

そこでさっさと腰を上げ、次なる釣場を目指すといった、いわゆるランガンで攻め立てるのが、数釣りの秘訣。

ところが、飽きずに1ヶ所で粘り続けていると、忘れかけたころに突然ドンッとアオリイカが乗ってきたりするのである。しかも、そういうときのアオリイカが総じてでかい。

逆にいえば、でっかいアオリイカを狙い撃つなら、粘りを発揮してみるべきである。

傾向としては、大型が釣れる釣り場は何度も大型が釣れる。釣れない釣り場はトンとさっぱり、というものである。

でっかいアオリイカを真剣に狙おうとおもうなら、時には実績のある釣り場でじっくり粘ってみるのも、一法である。

遠くにある重いエギを跳ね上げるためには、段をつけてロッドを鋭く、スピーディにしゃくること

### エギングって即カンタン！

# 冬はボトムでスローに誘う！

**重めのエギで遠投。ボトム狙いに徹することが大切。夜間にチャンスあり！**

水温の低下した冬は、アオリイカの活性も低下する。当然、動きが鈍く、エギに対する反応もイマイチとなる。

冬の低水温期にエギングを展開する場合は、アオリイカの活性が低いことを念頭に置き、ボトム近くを攻めることが大切だ。

少しでも沖目の、少しでも深場を攻略するために、エギは3.5～4号サイズとやや大き目を使用する。できることなら、若干重めのファーストシンキングタイプが扱いやすい。冬は風に吹かれるケースも少なくないからだ。

カタログやパッケージの説明を参考に、早めに沈む製品を選ぶとよい。もちろん、通常使用しているエギに糸オモリ

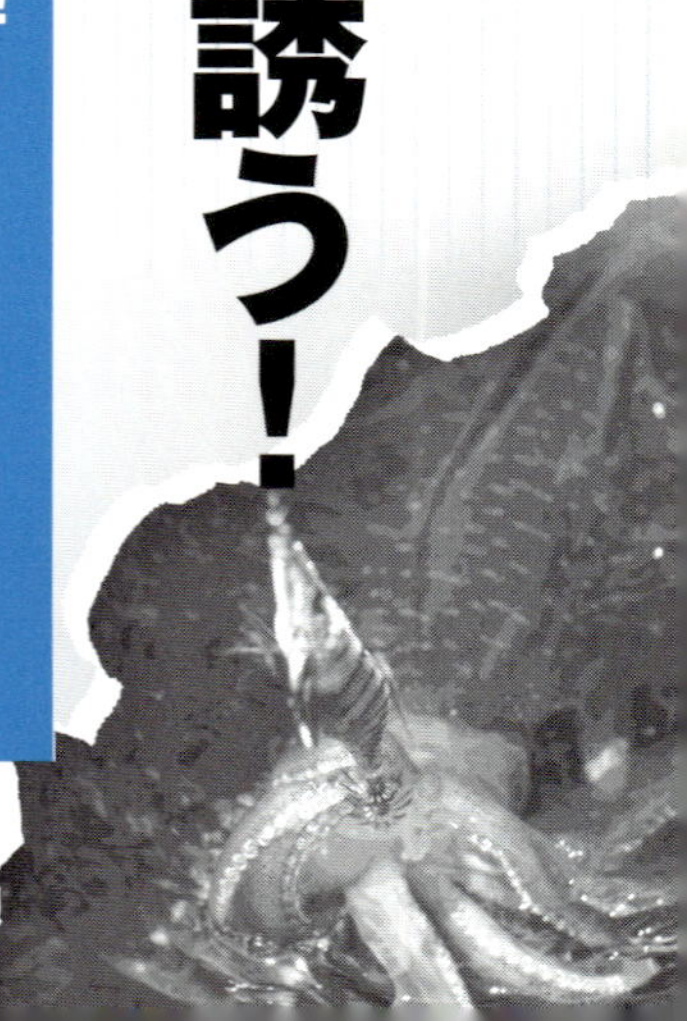

ボトムでスローに誘う
手前に引かずその場で跳ね上げるイメージ
着底した状態のまましばらく待つ。フワフワと水の動きで揺れるエギにアオリイカが興味を持つ
○
×

などを装着し、より沈みやすくチューニングして使用することもできる。

いずれにせよ、冬はボトム付近の攻略がカギとなるのだ。

では、具体的な攻略法をお教えしよう。

すでに述べたとおり、キャストはできるかぎりの遠投が望ましい。この時期のアオリイカは、沖目の深い場所にいることが多いからだ。

次に、エギがボトムに到達するまでラインを送り続ける。しっかり着底させることが何より大事で、できることならフォーリング中にラインの抵抗によって手前に引き戻されないようにしたい。

具体的には、キャスト後もリールのベイルは元に戻さず、ラインを送り続ける。ラインがフワリとフケてエギの着底を確認したら、糸フケを巻き取り、しゃくりを開始する。

遠くにある重いエギを跳ね上げるわけであるから、段をつけてロッドを鋭く、スピーディにしゃくることが肝心。

イメージとしては、手前に引かず、その場で跳ね上げることを最良としたい。

跳ね上げたエギを、そのまま自然な姿勢で再びボトムまで沈め、着底した状態のまましばらく待つ。

海底でフワフワと水の動きに揺れるエギに、アオリイカがたまらず抱きついてくることは少なくない。

いやむしろ、ヘタなしゃくりを行うより、ほっとけメソッドのほうがはるかにアオリイカが乗ってくる確率が高いのだ。

冬の時期、アオリイカは沖目の深い場所にいることが多い

## 遠投が利き、軽いタックルがベスト!

それはさておき、ボトムにつけたまましばらく放置したら、大きくしゃくって跳ね上げ、再びボトムまで沈める。

その繰り返しだ。

単調かつスローな釣りであるが、この時期のアオリイカの動きが悪いのだから仕方ない。

ただただボトムにこだわり、ただただスローなゲームに徹することである。

それでも最近は次つぎに新しいロッドやエギが開発され、真冬のアオリイカも釣りやすくなった。

使用するロッドは、遠投ができて重いエギを鋭くしゃくるための長くて硬いもの。8フィート以上で、全体的にバシッとした張りのある製品を使いたい。それでいて重量が軽ければ、それに越したことはない。

リールの性能については、多くを求めなくてよいが、回転が滑らかで重量の軽いものが理想だ。

一日中しゃくりを繰り返す釣りとなれば、手首を始め、ウデ、肩などへの負担がバカにならない。釣り人の間で、「エギングにハマると間違いなく腱鞘炎になる」といわれるぐらいだ。

そうならないためにも、タックルはできるだけ重量の軽いものを選びたいものである。

さて、冬の日中エギングは、なかなか思うように釣果を上げるのが難しい釣りであるが、夜間に挑めば意外と釣れる。

なぜ? どうして? と問われても理由は分からないが、水温が低下してくるほどに、アオリイカは夜行性に変わってしまうようなのである。

言い換えるなら、秋のシーズンが終了するのは、日中エギングでアオリイカが釣れなくなり、夜間にばかり釣れるようになった時。そうなれば、午後3時以降に釣り場へ入り、夕方から夜にかけての時間帯を集中的に攻めるようにするとよい。

もちろん、その時間帯を攻める場合でも、ボトムを意識したエギングを行わなければ釣果を上げるのは難しい。冬はひたすらボトムにこだわってエギングを展開すること。落ち着いてじっくり粘ることができるよう、防寒対策を完璧にして挑むことだ。

低水温期のエギングで釣果を得るなら、夜間にボトム近くを攻めることが大切

エギングって即カンタン!

# 夜のエギング・テクニック!

「しゃくり」と「ただ引き」。2つのメソッドが基本の狙い方!

夜間では、ラインをやや張り気味にしたカーブフォールが有効。小さな変化も手に伝わってくる

夜のエギングには、大きく分けて2通りのパターンがある。1つは、日中エギングの延長線上にあるしゃくりパターン。日中との違いをあげるとすれば、しゃくりをややソフトに、テンポをややスローにするといったあたりだろうか。

決定的に異なるのは、アタリの取り方。ラインの動きを直接目で見て確認することができないため、すべて手に伝わる感触によって判断することになる。

したがって、しゃくった後、テンションをかけずにフォーリングを行った場合は、次のしゃくりの際にズンッと、重量感のある感触が突然伝わってくることになる。しゃくる際は、すべて空合わせのつもりで気を抜かないことだ。

微細なラインの変化をとらえて合わせるのも面白いが、カウンター的なノリもまた衝撃的で楽しいものである。

カウンター的ヒットではなく、アタリをとらえて釣りたいと望むのであれば、ラインをやや張り気味にしたカーブフォールを多用するとよい。

これなら常にラインにテンションが掛かっているため、小さな変化も手に伝わってくる。神経を集中していれば、ノリの瞬間が確実に察知できるハズだ。

いずれにせよ、しゃくりの釣りは、フォーリングの釣りでもある。しゃくり上げたエギが、ボトムに到達するまでのわずかの時間が、ヒットチャンス。

となれば、エギの沈下速度が遅ければ

遅いほど、着底までに要する時間が長くなり、ヒット率が高くなる。

昔むかし、1990年代にエギングがブームになったころ、ぼくたちはオモリを削りに削ってスローシンキングのエギを作り上げ、じっくり時間をかけたフォーリングで多くのアオリイカをキャッチすることに成功した。

ところが、フォーリングのスピードを遅くしすぎてテンポが悪くなり、あまりのじれったさにエギングそのものに嫌気が差し、ついにはエギを仕舞いこんでしまったのであった。

そのイメージを一掃してくれたのが、アクティブでハイテンポの日中エギング。

時間を掛けてじっくり粘るナイトエギングも悪くはないが、あまりのスローテンポに嫌気が差し、つまらないゲームにしてしまわないよう心していただきたいものだ。

## ただ引きは意外と効果的!!

もう1つのパターンは、ただ引き。

しゃくりは一切行わず、ボトムの形状をトレースするような気持ちで、エギをゆっくり引き続ける。

以前は、むしろこのパターンが主体で、しゃくりはごく一部の釣り人が行っていただけにすぎなかった。

ロングロッドとナイロンモノフィラメントラインの組み合わせでは、しゃくりの効果が発揮できなかったということも原因の1つだったに違いない。

ただ引きパターンのやり方は、キャストしたエギをボトムまで沈める。

着底したエギをそのまま引き始めると根掛かりしてしまうため、ロッドをあおっていったん浮かせ、浮かせた状態からただ引きを開始する。

ロッドは水平かやや下向きに寝かせて構え、リールのハンドルをゆっくり回し、一定のレンジをキープするようにエギを引く。

アタリだが、海藻が引っ掛かったように一瞬重くなり、直後にグーングーンとアオリイカ特有の息吹が伝わってくるはずだ。

夜のエギングでは、ヘタにしゃくりを繰り返すより、ただ引きに徹したほうが好結果につながることが少なくない。

ところが、海底の根や起伏の激しい所では、根掛かりが連発し閉口する。

効果はあるが、エギのロストを考えるとなかなか踏み切り難いケースも少なくないので、海底の地形を見極めてからどちらのパターンでゆくかを決めるとよい。

ただし、春のアオリイカ釣りはボトム近くを狙うのが定石だが、秋のそれはレンジに関わらずヒットを得ることができる。

したがって、秋ならただ引きも、わざわざ危険を冒してボトム近くを狙うことなく、中層狙いでも十分釣果が期待できる。

タックルは特別なものではなく、日中エギングのままでよい。

古きよき時代のロングロッドやナイロンモノフィラメントラインは、すっかり進歩した現代のエギングでは、無用の長物となってしまったのである。

しゃくりの釣りでは、しゃくり上げたエギがボトムに到達するまでのわずかの時間が、ヒットチャンス！

ただ引きでは、ロッドは水平かやや下向きに寝かせて構え、リールのハンドルをゆっくり回し、一定のレンジをキープするようにエギを引く

夜のエギングテクニック
ロッドは水平かやや下向きに寝かせて構え、
リールをゆっくり巻いて一定のレンジをキープ
しゃくりは行わず、底をトレースするような気持ちで
エギをゆっくりと引いてくる

エギングって即カンタン！

# アオリイカが掛かったら！

## 合わせるか否かの判断が重要。焦らず慌てず、落ち着いてファイト！

エギにアオリイカがヒットした際は、合わせるか否かの判断が重要となる。

合わせが必要なのは、アオリイカがエギをがっちり抱き込んでいて、まったくハリに掛かっていないと想定できる場合。小型よりもむしろ中型以上、とりわけ大型のアオリイカがヒットした場合は要注意。

しばしファイトを展開している最中、何かの拍子にアオリイカがエギをパッと放し、そのままサヨナラとなってしまうケースがままあるからだ。

アオリイカが異変を感じてエギを放しやすいのは、ファイト中よりもむしろ取り込み時。

さていよいよ仕上げといくか、と思ってギャフやタモを差し出した瞬間、エギをパッと放し、いともたやすく消え去ってしまうのである。地団太踏んでも後の祭り、そうならないためには、良型と感じたらしっかり合わせておくこと。

もう少し詳しく説明するなら、ノリの感じ方によって合わせるか合わせないかを判断する。

例えば、フォーリング中にズンッとノリを感じた場合は、すべての手足（？）

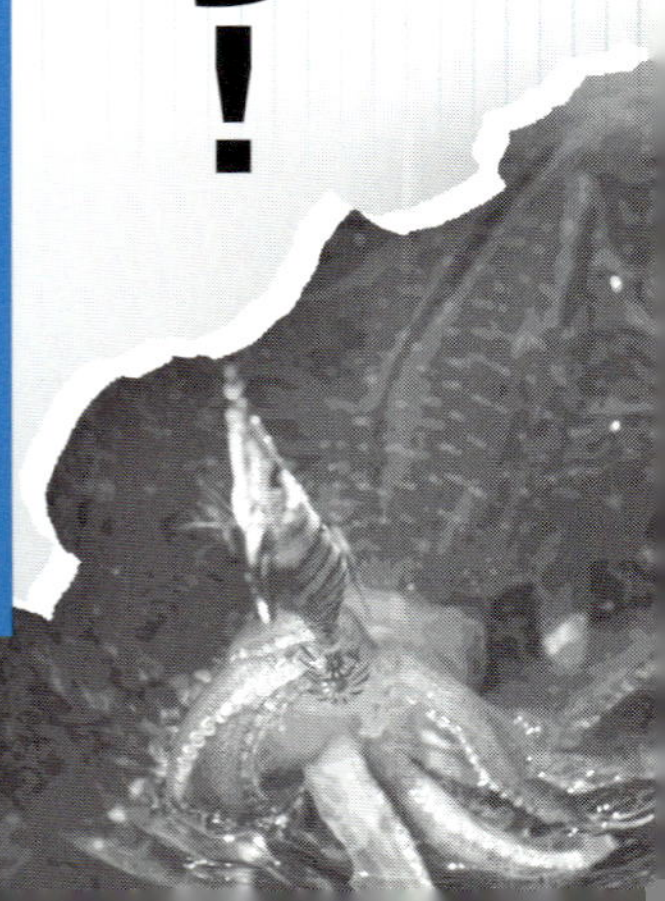

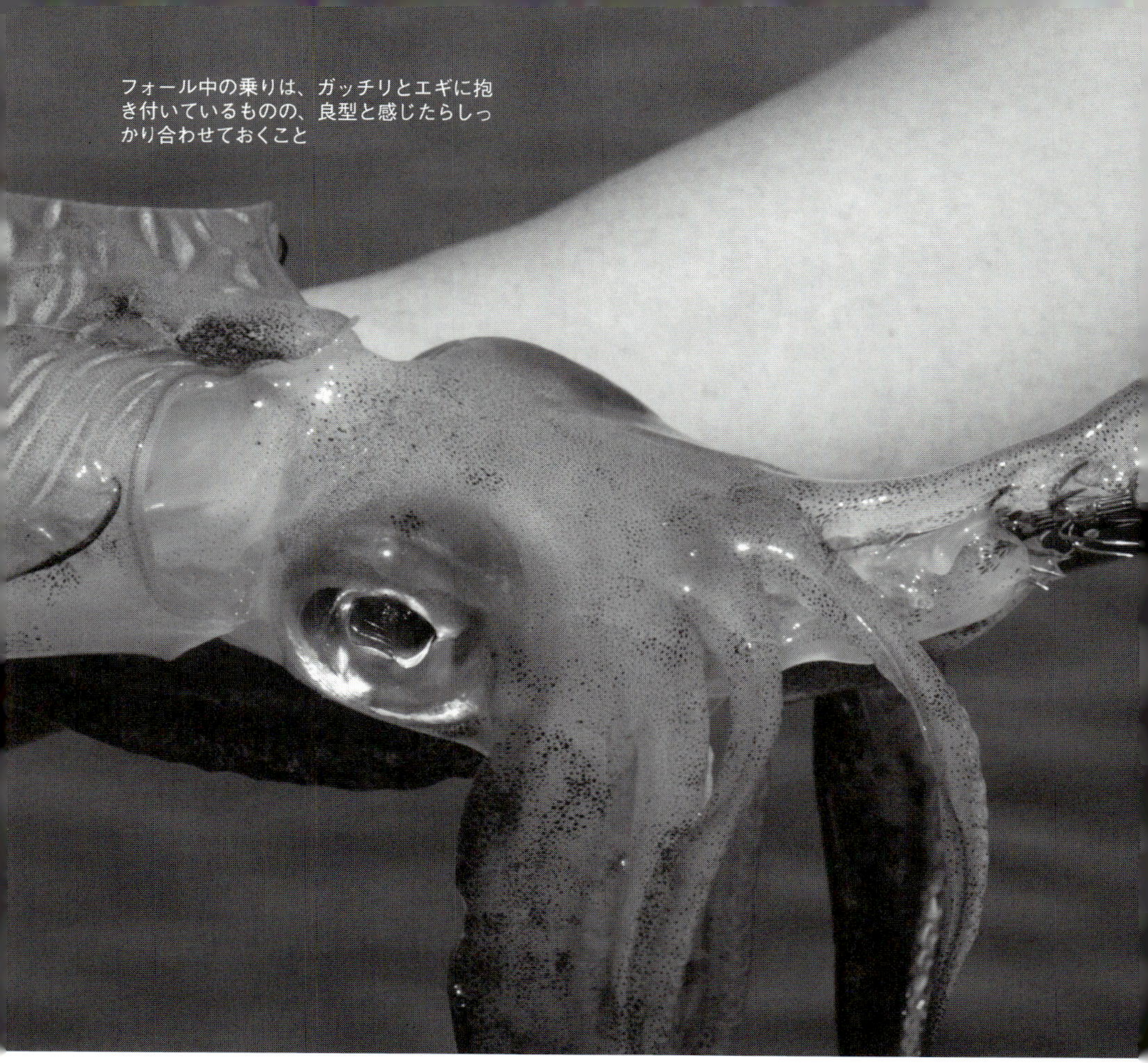

フォール中の乗りは、ガッチリとエギに抱き付いているものの、良型と感じたらしっかり合わせておくこと

でがっちり抱きついているケースがほとんど。そんな時は、しっかり合わせておかないと、ポロッと逃げられる場合が多い。

フォーリング中ではなく、エギを引いている最中にノリを感じた場合は、２本の触腕を伸ばしてつかみかかっている可能性が高い。

そんな時に強い合わせをくれれば、身切れを起こしかねないので、合わせず慎重にファイトすることになる。

そのあたりの違いが瞬時に判断できるようになるまでは、とにかく一応合わせてみたほうがよい。

ただし、合わせるとはいっても、ガツンと強くやるのではなく、グイイーッとロッドを引き起こすような気持ちでソフトにやる。掛けるというよりは、アオリイカをロッドで手前に引き寄せるといった感じだろうか。

## 早めに水面へ浮かせるのがコツ

一応、合わせを行ったら、ラインを引

アオリイカが掛かったら、早めに海面へと浮かせること。そうすれば安心して取り込むことができる

き出すほどでもない中小型の場合は、ロッドの角度を変えず立てた状態のまま、リールのハンドルを回してどんどん引き寄せる。

少しでも早く、水面に浮き上がらせてしまえば、水中ジェット噴射を使った抵抗も回避できるため、安心して取り込むことができる。

ハリ掛かりを確認して、ガッチリ抱きついているようなら、そのまま一気に抜き上げてしまってよい。

ただし、触腕がビヨーンと伸びた状態で足元に寄った場合は、小型でない限り慎重に岸辺に引き寄せてからエギを持って取り込むか、足場が高い場合は、ギャフかタモを使って確実に取り込む。

大型がヒットしてスプールを逆転させながらラインを引き出して行く場合は、ロッドを立てたまま走りが止まるまで待つ。

その際、ムリに止めようとしてスプールを押さえ込んだりしないことだ。

2キロのアオリイカで20メートル、3キロのイカでもせいぜい30メートル走ればピタリと止まる。その時点からロッドを起こし、リールを巻くといったポンピングを開始すればよい。

ポンピングというのは、引き寄せる作業はロッドで行い、引き寄せた分のラインをリールで巻き取っていくというファイトの仕方。魚であれアオリイカであれ、大物とのファイトにポンピングテクニックは欠かせない。

ポンピングをしている最中に、再びアオリイカが走ったら、そのままじっと止まるのを待つ。

# アオリイカが掛かったら！

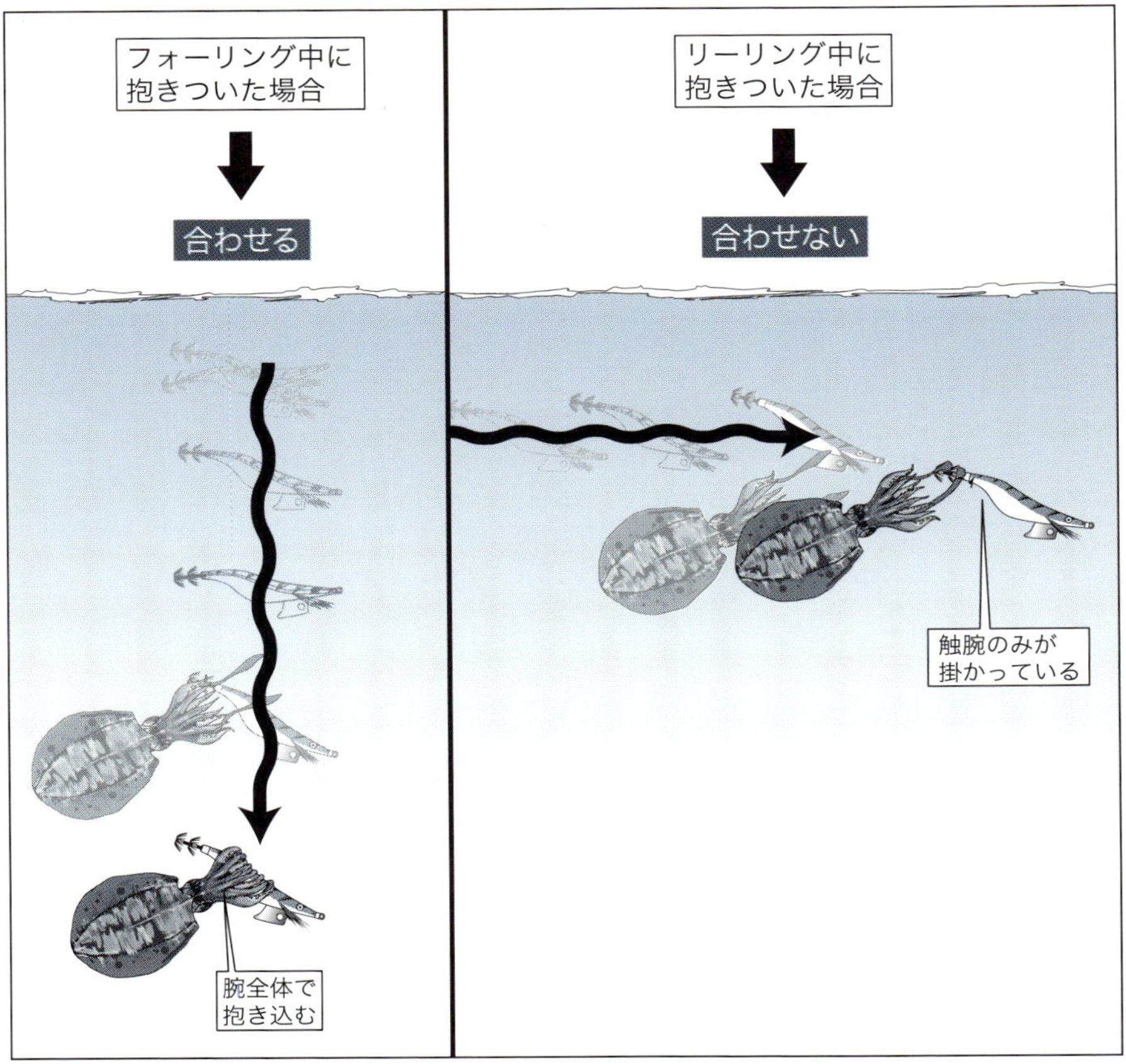
フォーリング中に抱きついた場合
合わせる
腕全体で抱き込む
リーリング中に抱きついた場合
合わせない
触腕のみが掛かっている

1度目よりも2度目、2度目よりも3度目といった具合に、走る毎にその距離は短くなってゆくのが普通だ。慌てず騒がず、落ち着いてじっと待てばよい。

注意しなければならないのは、足元に海藻が茂っている場合。沖目で掛かった型のよいアオリイカを強引に寄せようとすれば、アオリイカは下へ下へと突っ込み、ついには海藻に絡んでミスミス逃がしてしまう結果を招きかねない。

ではどうするか。

正しいのは、沖目で掛かったアオリイカを沖目で水面に浮かせ、水面を滑らすように寄せてくること。

沖目でアオリイカを浮かせるには、アオリイカがグイグイ引っ張っている間はラインを巻かず、ロッドの弾力を駆使してひたすらタメ続ける。

抵抗が弱まったら、ゆっくり引き寄せに掛かるが、多くの場合、引っ張りっこをしている間に、水面にぽっかり浮き上がるものだ。

肝心なのは、焦らず慌てず、落ち着いてファイトをすることである。

エギングって即カンタン!

# アオリイカの取り込み

## 中型以下なら抜き上げも可能だが、ギャフかタモは常に携行しておきたい!

ヒットしたアオリイカが中型以下で、しかも、しっかりハリ掛かりしている場合は、一気に抜き上げてしまったほうが手っ取り早い。

抜き上げる際のコツは、ラインの長さ（ロッドの先からアオリイカまでの距離）をロッド1本分以下にしておき、ロッドの弾力を使って一気に空中に跳ね上げる。

失敗しやすいのは、おっかなびっくりアオリイカをぶら下げてしまうケース。水面から引き上げ、さらにぶら下げたのでは、ラインは切れやすいし、ロッドだって折れやすい。ロッドの弾力を使って、空中高く放り上げるような気持ちで挑むのがコツだ。

ハリ掛かりが不十分だったり、抜き上げるには大きすぎる場合は、そっと岸辺に引き寄せてから、エギを持って取り込む。もちろん、水辺に下りられるという前提の話であるから、堤防や足場の高い磯、港湾などでは不可能である。

足場の高い場所での取り込みには、ギャフかタモを使用する。

専用として用意するなら、ギャフがよい。普段は折りたたんでカバーの中にすっぽり収まっていて、い

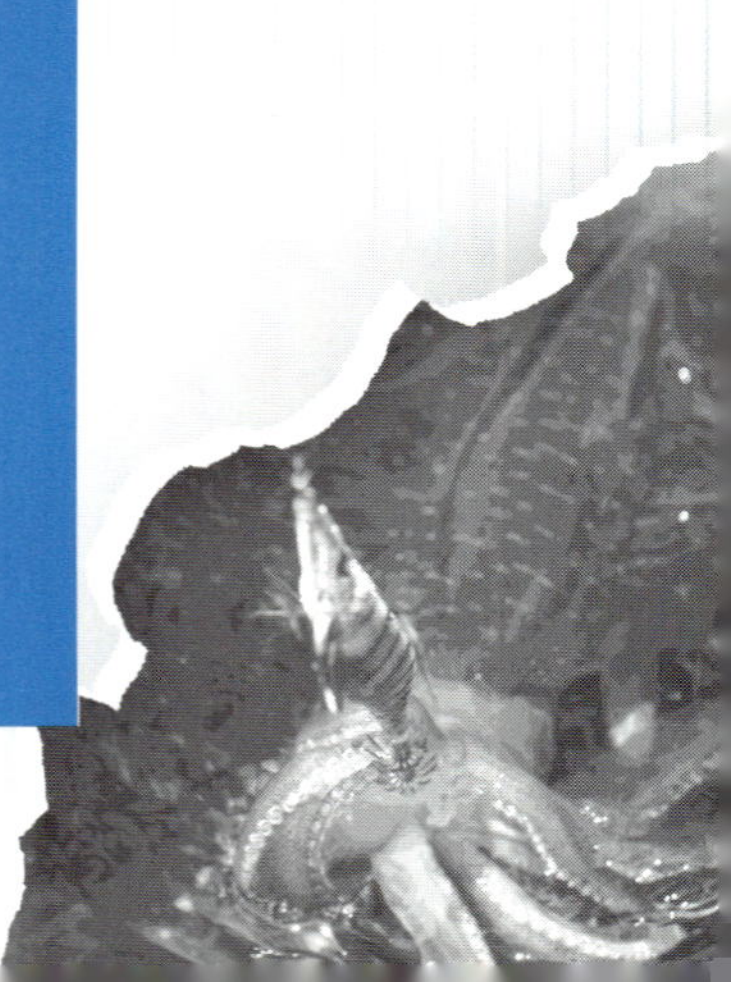

エギ用のギャフでは、沖側からアオリイカに被せるようにして掛けるか、手前側からすくい上げるようにして掛ける

ざ、という時には一瞬にして開く、専用のギャフが便利だ。

柄のない人は柄のついたギャフを、すでに柄を持っている人は、ギャフの部分だけを購入すればよい。ちなみに柄は、磯釣り用のショートタイプがおすすめである。

アオリイカが足元まで寄ったら、エギを水面に引き上げた状態のままギャフの準備に取り掛かる。ギャフの先端をカバーから引き出し、落ち着いて柄を伸ばすこと。

ギャフを掛ける場所は、頭頂部が理想であるが、慣れないうちは胴体であればどこでもよい。沖側からアオリイカに被せるようにして掛けるか、手前側からすくい上げるようにして掛ける。

掛けたら、リールのベイルを返してラインをフリーにし、柄を垂直にしてアオリイカを引き上げる。ドジョウすくいのように柄を横向きにしながら引き上げている人を時折見かけるが、バラシの原因にもなるし、柄の破損の原因ともなるので注意すること。

## タモ入れのコツ！

タモの場合は、ギャフに比べると少々コツを必要とする。

避けたいのは、アオリイカをタモで追い回すこと。魚にしろアオリイカにしろ、タモを見れば逃げ出したくなるのは当然といえる。その、逃げ始めたアオリイカを追いかけようとすれば、容易に追いつかないばかりか、大量のスミを吐かれ、水面が真っ黒になり、アオリイカを見失ってついにはバラすのがオチだ。

アオリイカをタモですくう場合は、頭頂部（エンペラーのある尖った方）側にタモを構えておき、自ら逃げ込ませたほうが安全である。

くれぐれも、タモの網がひっくり返っていたり、タモ枠のねじ込みが不完全だったり、失敗しないよう注意したい。

タモですくった場合もギャフの時と同様、柄を垂直方向に引き上げて取り込むこと。横方向に引き上げると、タモ枠の付け根部分を破損しやすいからである。

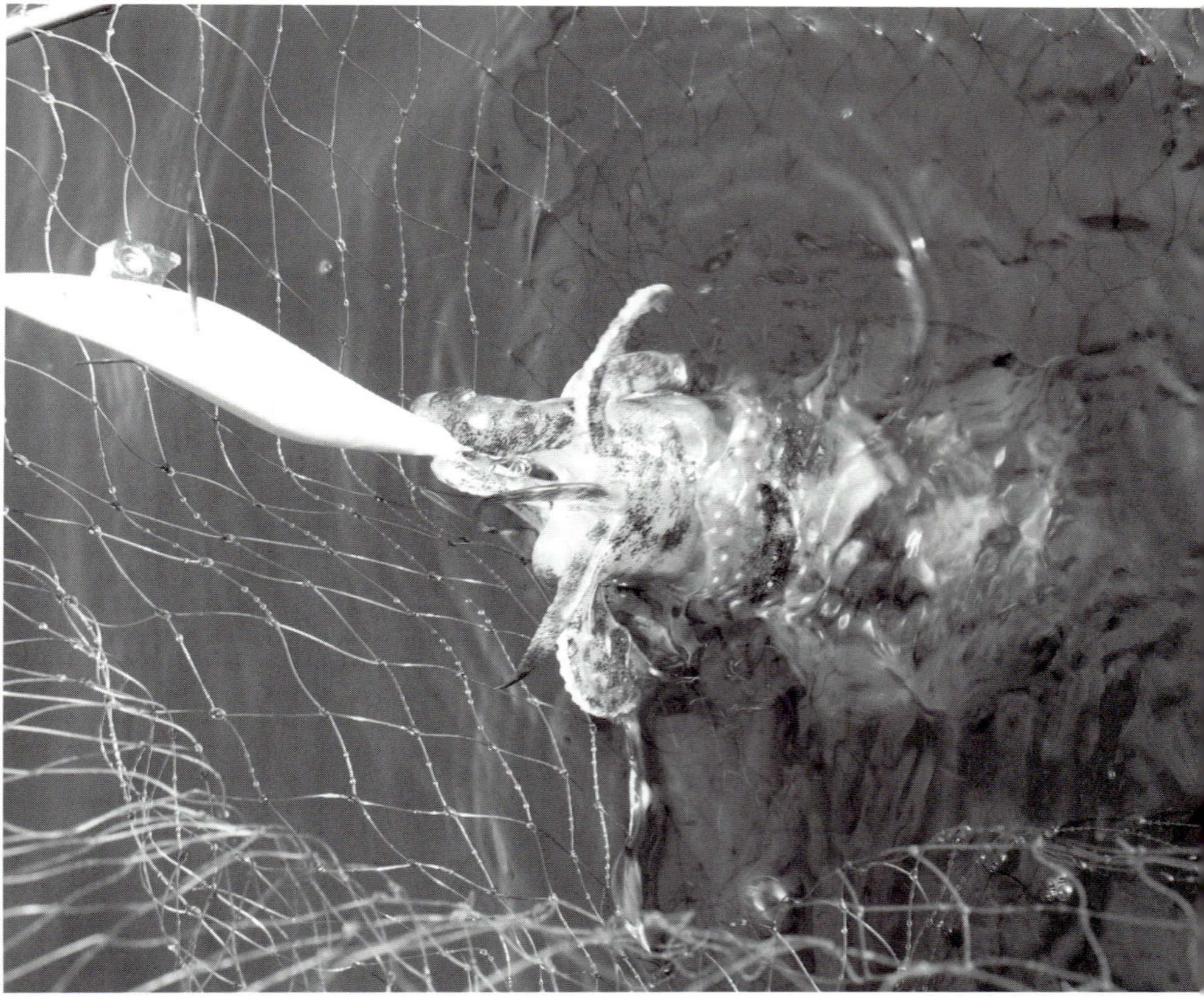

タモですくう場合は、頭側にタモを構えておき、自ら逃げ込ませたほうが安全。タモで追い回すのは厳禁だ

# アオリイカの取り込み

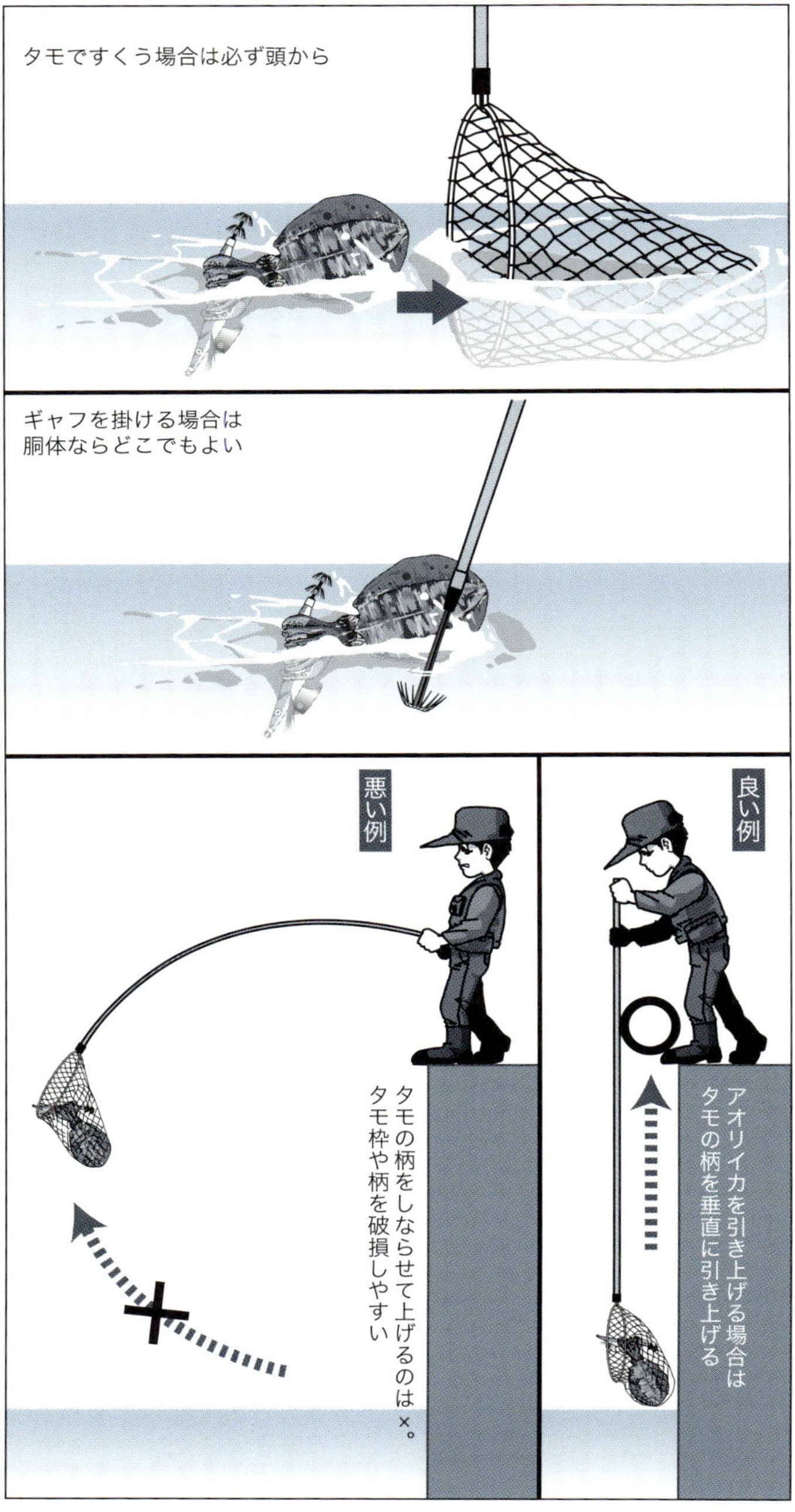
タモですくう場合は必ず頭から
ギャフを掛ける場合は
胴体ならどこでもよい
良い例
アオリイカを引き上げる場合は
タモの柄を垂直に引き上げる
悪い例
タモの柄をしならせて上げるのは×。
タモ枠や柄を破損しやすい

ギャフもタモも持参していないときに、足場の高い場所で大型がヒットしてしまった場合は、足元まで引き寄せたところで同行者のエギをアオリイカに引っ掛け、2本のラインでバランスをとりながら引き上げる方法もある。あくまでも同行者がいればという前提だが、イザという時のために覚えておいて損はない。

ぼく自身は、持参していたもう1本のロッドを使い、二刀流でアオリイカを取り込んだことがある。

せっかくヒットさせたアオリイカをみすみす逃さないためにも、ギャフは常に携行しておきたいものである。備え有れば憂いナシ、ということか。

エギングって即カンタン！

# これだけは覚えておきたいノット辞典

## ラインシステムを組み上げる。PEラインとリーダーの結び方を覚えよう！

エギングを行う際、PEラインには、リーダー（先糸）としてフロロカーボン製ラインを必ずつなぐ。

PEラインは強度に優れていて伸びがないなどメリットは多いのであるが、コシがなくフニャフニャしているためにエギに絡みやすい、あるいは結んだ部分が極端に弱くなってしまうといったデメリットも少なくないのである。

そのデメリットをカバーするためにリーダーをつないで使用することになるが、フロロカーボン製を使用するわけは、ナイロンモノフィラメント製に比べ格段に根ズレに強いため。海藻帯や根周りを狙うことの多いエギングでは、多少の根ズレは避けられないからだ。

ここでは、リールにPEラインを巻き始めるところから、ダブルラインの作り方、ダブルラインとリーダーとの接続、リーダーとスイベルの結びを図解ですすめていく。

また、より手軽にダブルラインを作らずPEラインとリーダーを直接結んでしまう方法もある。

いずれの結びも、素早く確実にできるよう、予め何度も練習を重ねておいていただきたい。

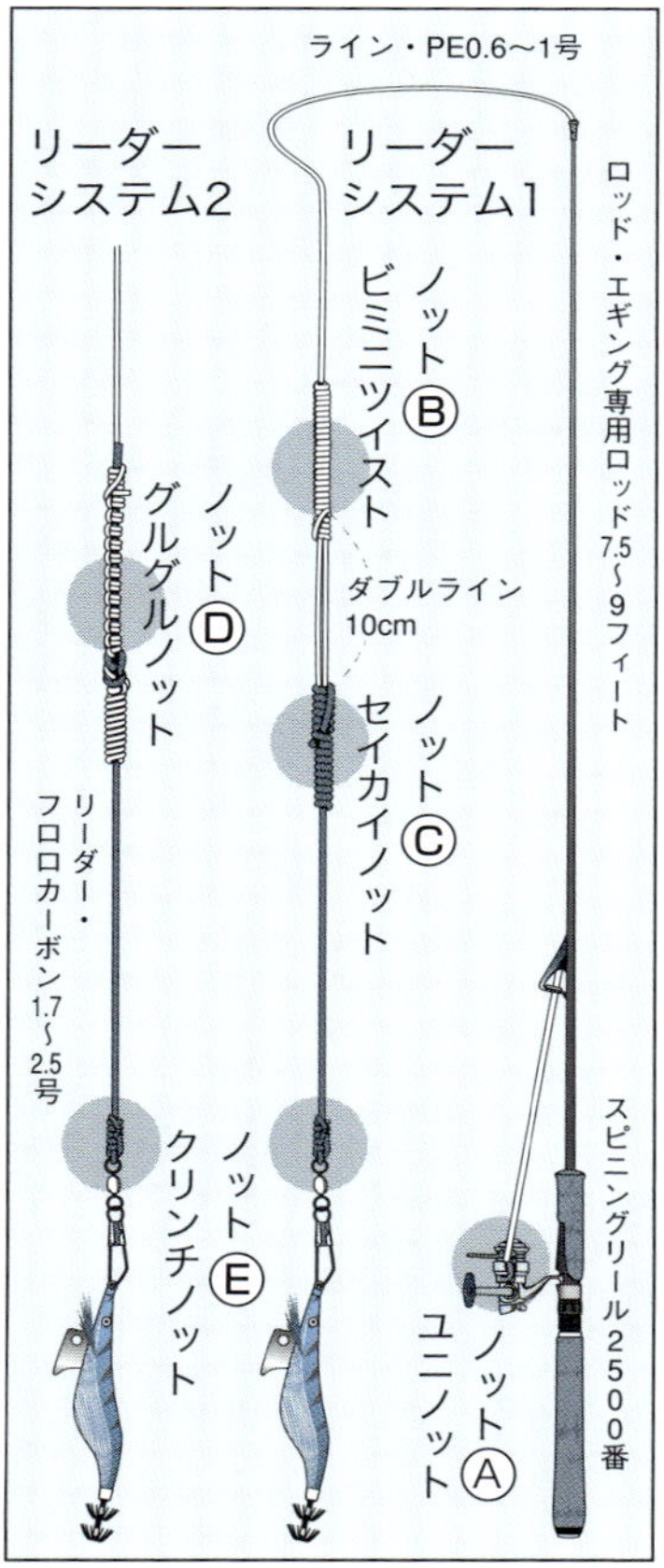

## ノットB［ビミニツイスト］

①糸の先端を二重にして手首を回し
20〜30回ヨリを入れる

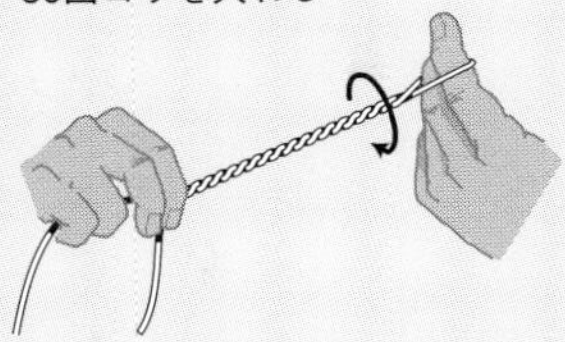

②先端を引っ張りながら
指を広げヨリを詰める

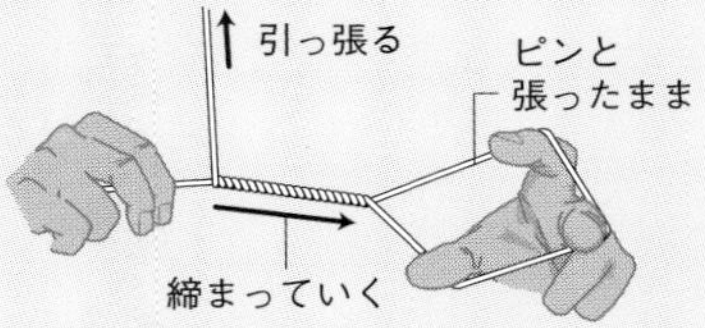


③先端を緩めるとヨリの部分に巻き付いていく

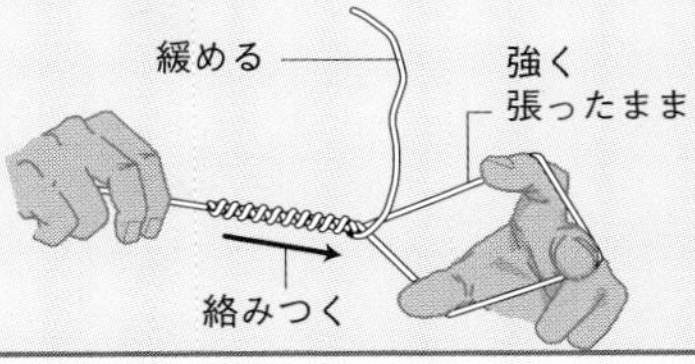


④最後まで巻き付けたら指で押さえ、先端を
ダブルラインの一方に絡めて仮止めする

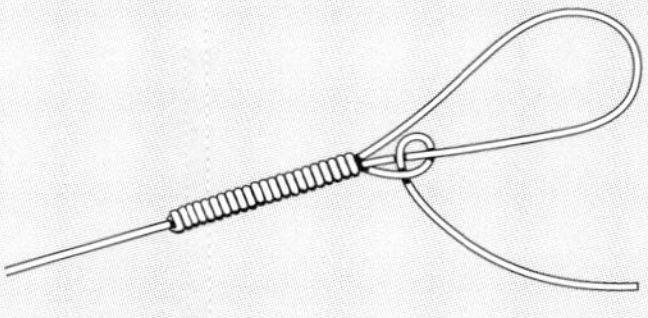

⑤ダブルラインに3〜5回巻き
付けてしっかり締め込む

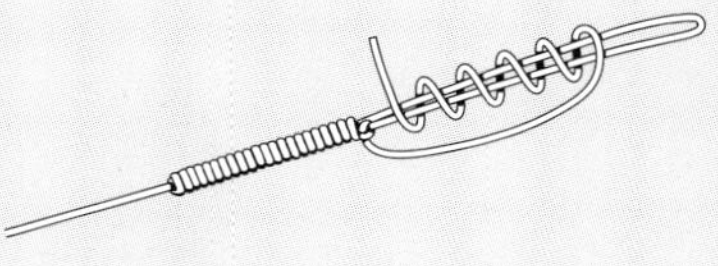

## ノットA［ユニノット］

①スプールに
糸を掛ける

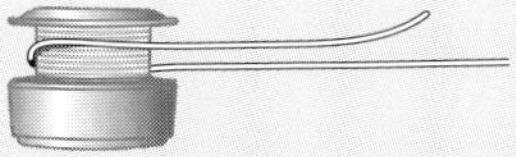

②輪をつくる

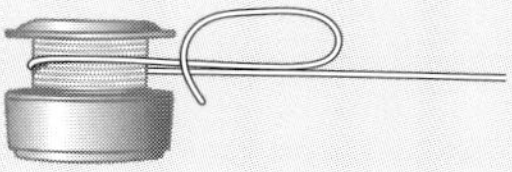

③輪の中に糸を
3〜4回通す

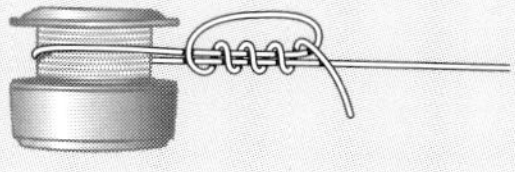

④ゆっくり引き
強く引き締めてから切る

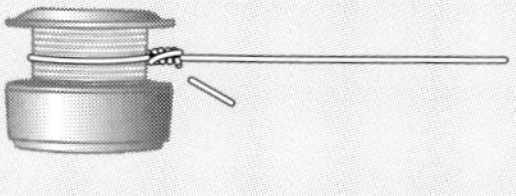

## ノットC[セイカイノットII]

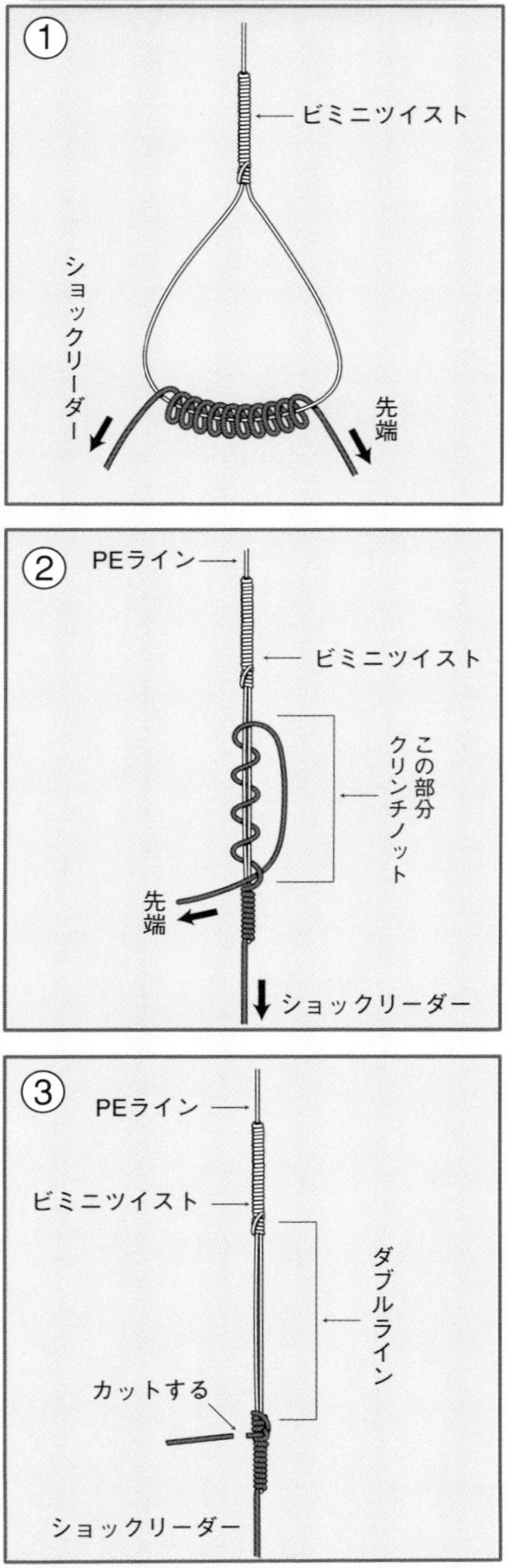


## ノットC[セイカイノットI]

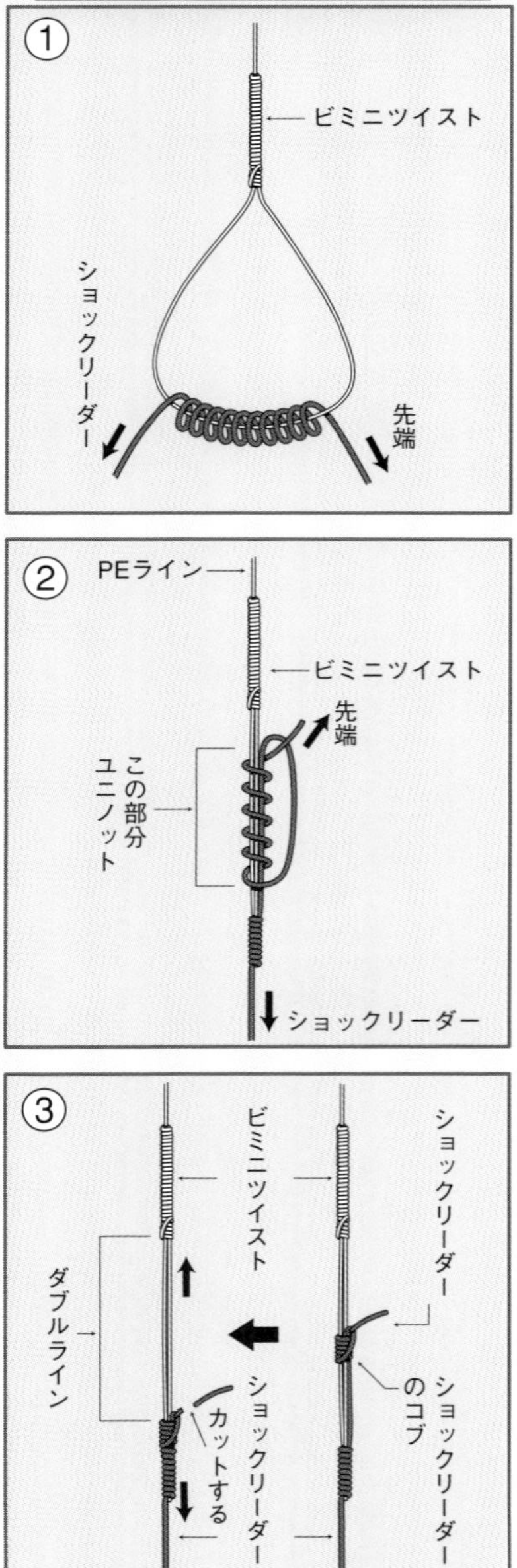

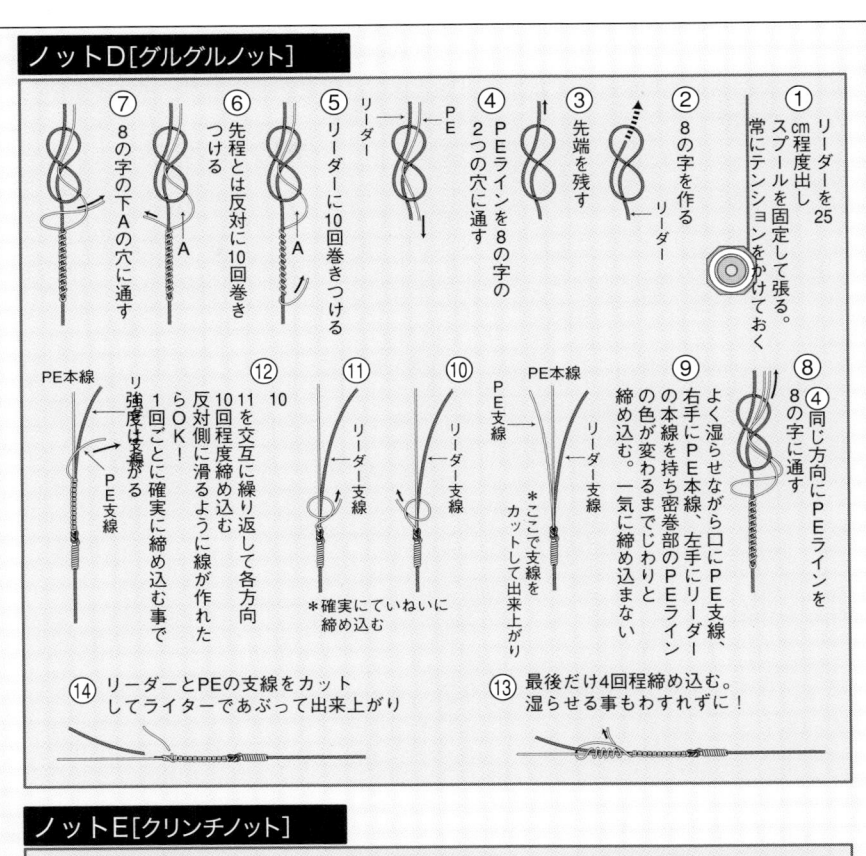

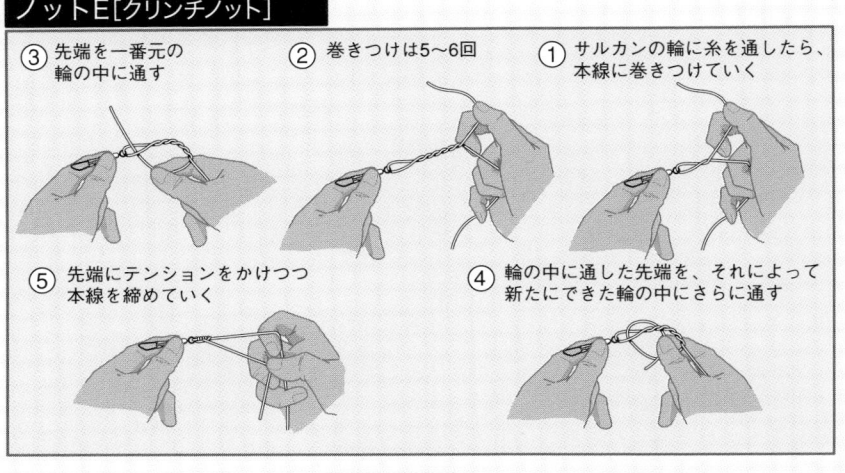

## ノットD[グルグルノット]

① リーダーを25cm程度出しスプールを固定して張る。常にテンションをかけておく

② 8の字を作る

③ 先端を残す

④ PEラインを8の字の2つの穴に通す

⑤ リーダーに10回巻きつける

⑥ 先程とは反対に10回巻きつける

⑦ 8の字の下Aの穴に通す

⑧ ④同じ方向にPEラインを8の字に通す

⑨ よく湿らせながら口にPE支線、右手にPE本線、左手にリーダーの本線を持ち密巻部のPEラインの色が変わるまでじわりと締め込む。一気に締め込まない

⑩

⑪

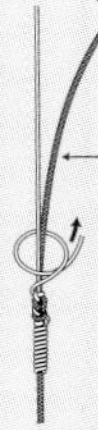


＊確実にていねいに締め込む

⑫ 10 11を交互に繰り返して各方向10回程度締め込む
反対側に滑るように線が作れたらOK!
1回ごとに確実に締め込む事で強度は上がる

⑬ 最後だけ4回程締め込む。
湿らせる事もわすれずに！

⑭ リーダーとPEの支線をカットしてライターであぶって出来上がり

## ノットE[クリンチノット]

① サルカンの輪に糸を通したら、本線に巻きつけていく

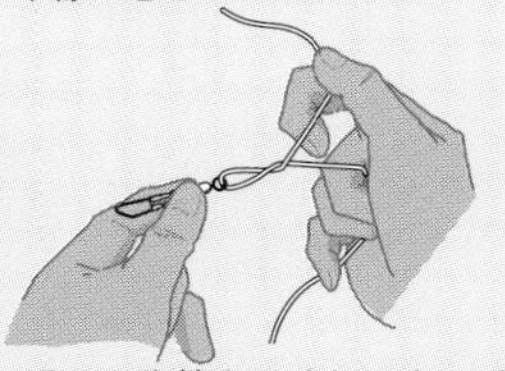

② 巻きつけは5〜6回

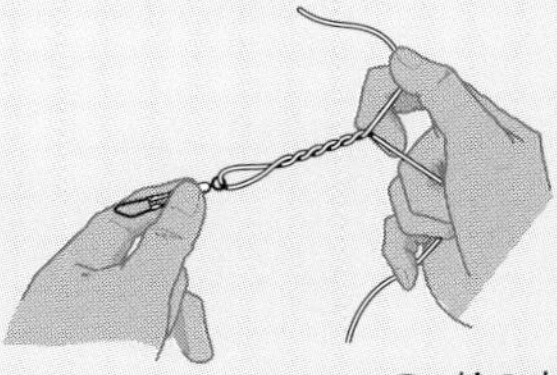

③ 先端を一番元の輪の中に通す

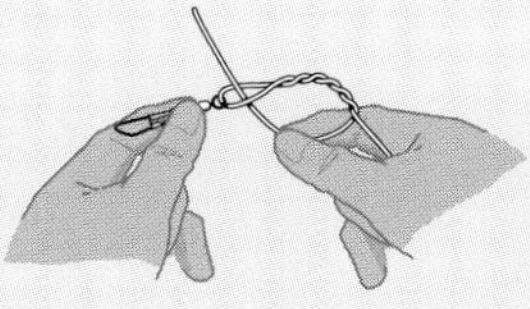

④ 輪の中に通した先端を、それによって新たにできた輪の中にさらに通す

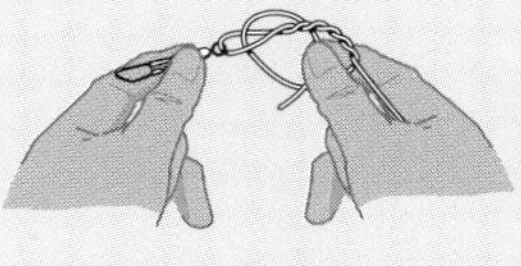

⑤ 先端にテンションをかけつつ本線を締めていく

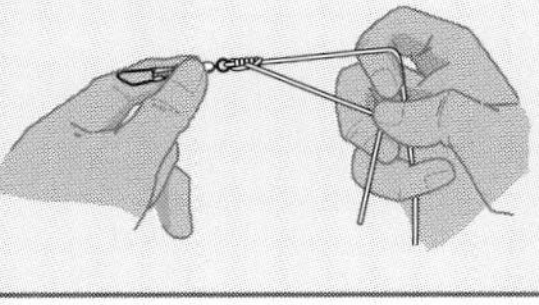

世界エギング奮戦記

# 香港・中国

**香港といえば、イメージするのは東京や横浜あたりのベイエリア。しかし島の南側へ回り込めば、そこはもう別世界!?**

香港という国は、日本に比べかなり南に位置するのであるが、生息する魚は比較的似ている。代表的なのは、シーバス、クロダイ、メジナ、アイゴ、そしてアオリイカ。シーバスは、ほぼ100パーセントといってしまってもよいくらい、斑点のあるタイリクスズキ。クロダイは、オーストラリアキチヌとナンヨウチヌ（おそらく）。メジナは、日本と同じクロメジナ（オナガ）とメジナ（クチブト）。アイゴは、現地で実際に見たことがないのでよく分からない。

そしてアオリイカであるが、これはもう、どこからどう見ても、日本のそれとまったく変わらない。もっとも、これまでにも度々紹介してきたように、アオリイカは世界中のかなり広い範囲に生息しているのである。

その香港では、日本の釣り雑誌、ビデオ、テレビ番組などがそのまま、あるいはコピーされて広く出回っているため、日本の釣りがそのまま行われている。で、今回はボートからのエギングを、香港の釣り雑誌4社の合同で、取材させてくれという依頼なのであった。

香港といえば、イメージするのは東京や横浜あたりのベイエリア。汚れきった水を闇に葬り、地上のネオンでかき消してしまおうという夜の街。しかし、船に乗って香港島の南側へ回り込めば、そこはもう別世界。透明感のある、きれいな海が広がっている。そのあちこちに点在する小島や小根の周りで、エギングを開始。

船頭さんが教えてくれた水深は、7～10メートル。4号のエギをボトムまでじっくり沈めようと試みるが、強風にラインがとられて思うに任せない。潮の流れはさほどでもないが、船が風の影響を受けて一向に安定しない。

そこで、エギに5グラムのブラスシンカーを装着し、短時間で海底まで沈めてしまうことにした。国内のエギングでは、久しく行っていなかった作戦である。その作戦が功を奏したのか、数投目にグンッときた。予想だにしなかった開始早そうのヒットだ。しかも、予想していたサイズよりはるかに大きいらしく、グイグイとよく抵抗する。

水面に引き上げると、700グラム級の良型。この、早そうの1杯で気分が楽になった。何より取材が成立したことと、予想以上に良型が釣れそうなことだ。さらに数投後、またしても同サイズがヒット。

そのイカを引き寄せてきたところで、驚くべきことが起こった。水面に引き上げ、船べりまであと数メートルとなったところで、どこからともなく別のイカがひょいと現れ、エギに掛かったイカに何度も何度も襲い掛かったのだ。

以前、瀬戸内海の某所で、リリースしたコロッケサイズのアオリイカが、別のアオリイカに襲われ、水中に引き込まれてしまったのを目撃したことがあった。アオリイカ同士、食い合ってしまうことがあるんだねぇ、としばし船上がザワついたのである。

結局この日は、良型ばかり7杯の釣果を上げ、取材を無事終了することができた。香港のアオリイカは、なかなか魚影が濃いようである。陸っぱりでやるなら、香港島の岸からがよろしい。

で、そのすぐ後に中国の浙江省舟山群島へ出かけ、シーバスフィッシングのついでにエギングを試みようと企てたが、まっ茶っ茶の海を見て意欲減退。渡船で渡る沖の島、さらには軍事施設のある東極島あたりはどうかとたずねてみたが、快い返事は返ってこなかった。

いないのか、はたまた試してないのか。再び訪れた際は、しっかりチェックしてこようと思っている。

CHAPTER

# 05

# ㊙テクで仲間に差をつけろ！

ここでは、特に熟練を必要とする高度なテクニックではなく、知るだけですぐに使える、実践向きの便利なテクニックを紹介する。実際、釣り場に出かけてみると、思わぬ障害が待ち受けていることが少なくない。それを避け、釣り場を移動してしまうのが手っ取り早い方法であるが、どうしても立ち向かわなければならないケースだって、きっとあるに違いない。

そんな時、ちょっとしたコツを知っているか否かで、一日の釣果が大幅に変わってしまうのである。本章にある簡単な応用編を身に付けておけば、同行の仲間たちに、確実に差を付けられるに違いない。



EGING GUIDE

海藻の陰に潜む大型のアオリイカを、海藻を利用したテクニックで仕留めることも可能だ

㊙テクで仲間に差をつけろ！

# 藻際の大アオリをイチコロで仕留める

**海藻を利用した大型アオリイカの攻略法を、ここで公開！**

アオリイカは海藻が大好き。四国方面で〝モイカ〟と呼ばれるのは、ずばり〝藻イカ〟という意味である。とりわけ春の産卵期には、海藻に卵を産み付けることもあって、海藻周りにアオリイカが集まりやすい。産卵期のアオリイカは海藻周りを狙え、というのはそうした理由からである。

ところが、そうはいっても、海藻の茂った釣り場でエギングを展開するのは困難を極める。普通どおりにキャストを行い、エギをボトムまで沈め、いざ、しゃくりを開始すればすぐに海藻に引っ掛かってしまい、グイグイ引っ張った挙句、海藻の塊を引き上げることになるか、運が悪ければラインブレイク、てなことに

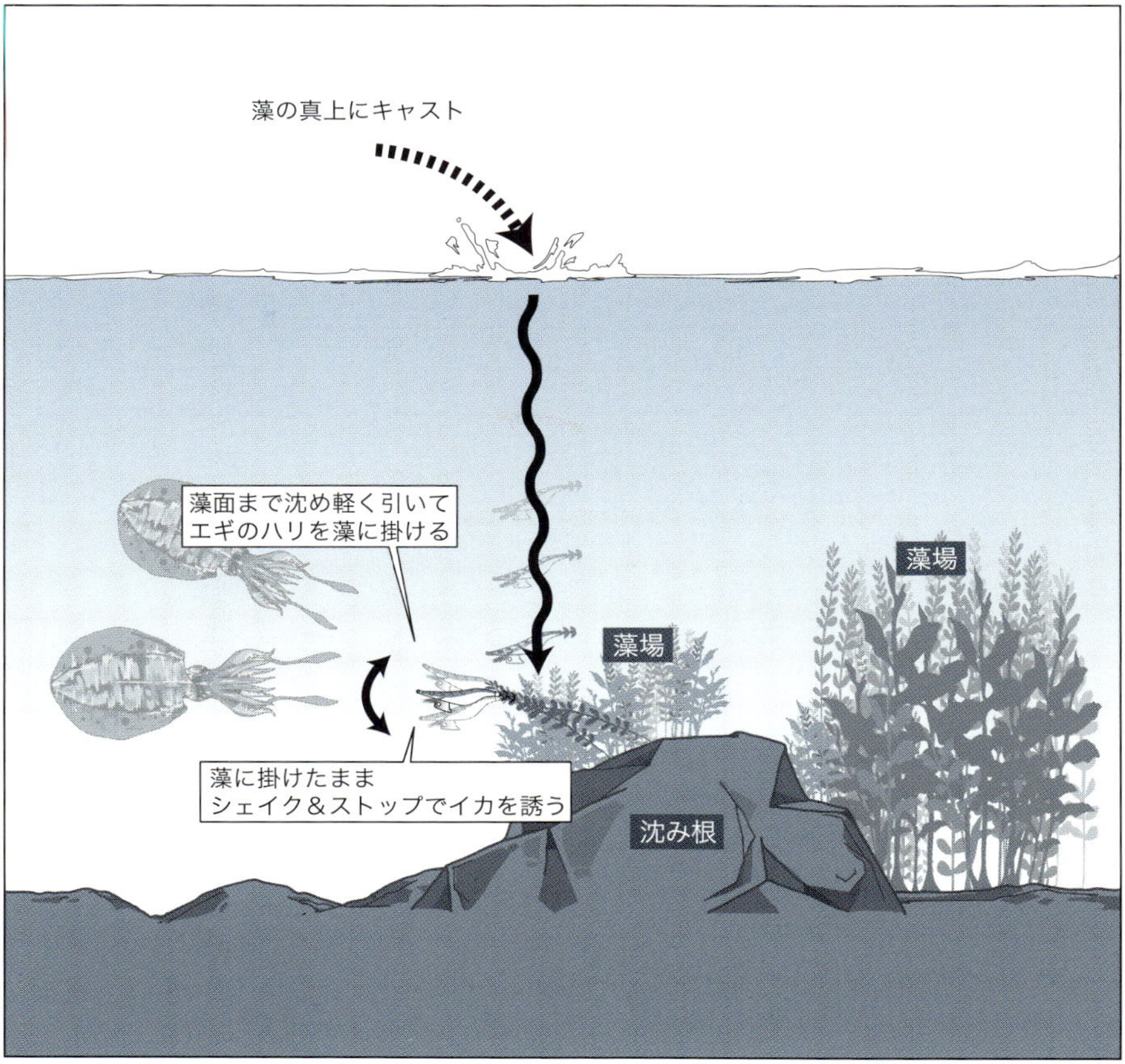
藻の真上にキャスト
藻面まで沈め軽く引いて
エギのハリを藻に掛ける
藻場
藻場
藻に掛けたまま
シェイク＆ストップでイカを誘う
沈み根

なってしまいかねないからだ。

海藻の多過ぎる釣り場は極力避けるか、満潮前後に狙うのが賢明。もしくは、水温が上昇し、海藻が切れた直後に出かけるとよい。多くのアングラーが海藻を嫌って避けていた分、ほぼ手付かず状態が保たれ、海藻の切れた直後に大釣りをするケースが少なくないからだ。

そんな釣り場を１つか２つ持っておくと、春のシーズンが終わりかけたころの楽しみが増す。

さて、エギングを展開する上では厄介極まりない海藻であるが、周囲にアオリイカがいるのは間違いないこと。そこで、海藻の茂る釣り場で、海藻を利用しつつエギングを展開する２つの方法を公開する。

ぼく自身、この方法で数多くのアオリイカをキャッチしている。時には茂った海藻の陰に潜む大型のアオリイカを発見し、やすやす釣り上げたこともあった。

１つ目の方法は、海藻にエギのハリを引っ掛け、アオリイカを誘うテクニック。

やり方は、キャストしたエギをいった

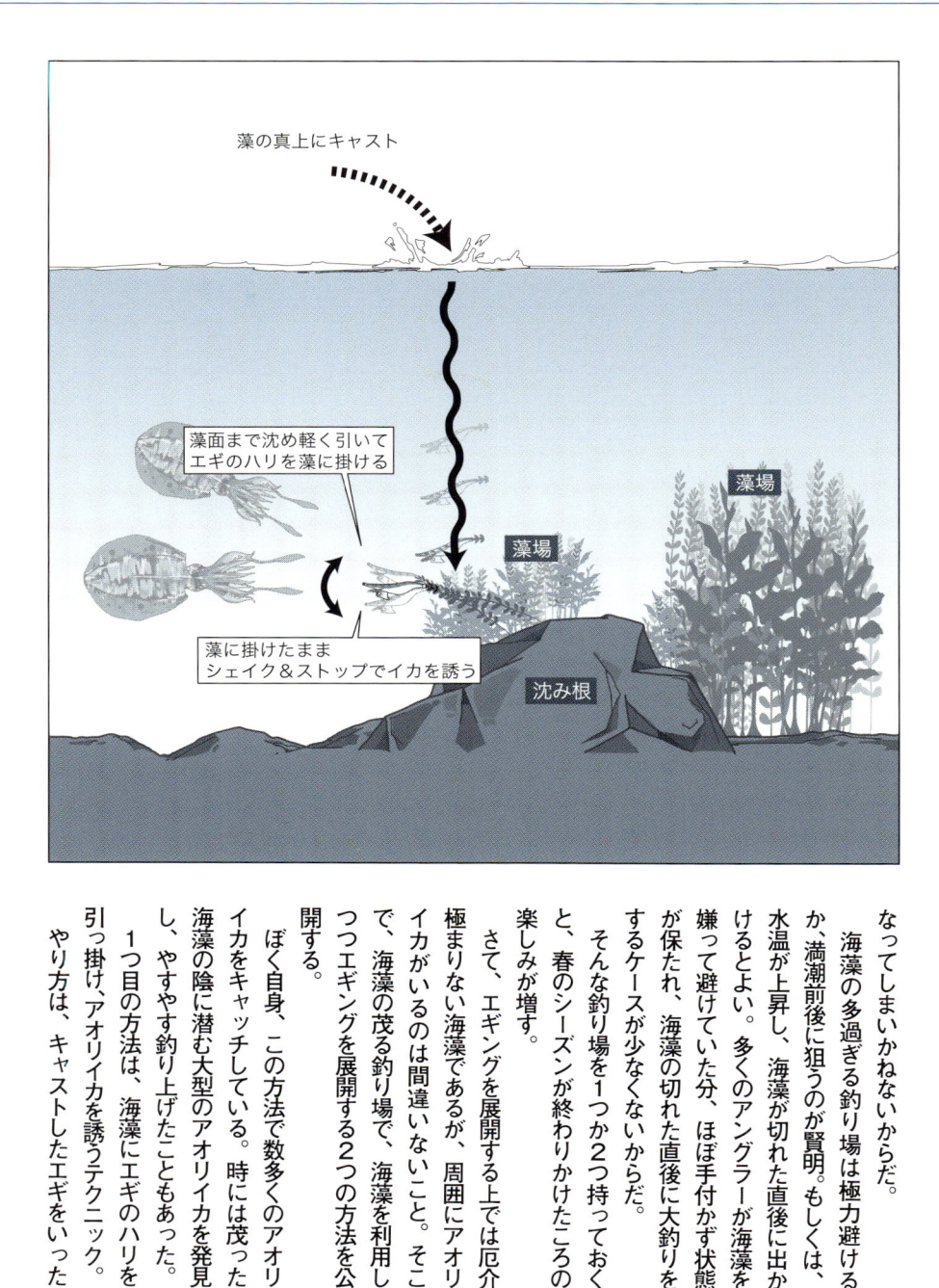

んボトムまで沈め、しゃくり上げては再びボトムまで沈める操作を繰り返しつつ、エギが藻に引っ掛かる場所を探す。もしくは、偏光グラスをかけて藻のある位置を釣り場から確認してもよい。

次に、比重の小さい（沈みの遅い）エギを藻の真上にキャストし、藻面まで沈め、軽く引いてエギのハリを藻に引っ掛けてやる。そして、ラインを軽く張るぐらいのテンションをかけたままの状態でロッドを立て、エギを藻に引っ掛けたまま、シェイクとストップを繰り返しつつアオリイカが抱きつくのを待つ。

シェイクがしゃくりでストップがフォーリング。すなわち、シェイクでアオリイカにアピールし、ストップで抱きつかせるというイメージである。

ガンガン攻め続けるタイプのアングラーには向かないが、じっくり待つタイプの釣り人には絶対おすすめ。万作尽きて、次なる作戦を考えている最中に行うのもよい。もちろん、昼夜可能な方法である。

海藻を味方につけてエギングを展開する技を駆使すれば、フィールドもグンと広がる

## 海藻にラインを引っかける方法

2つ目は、数年前から多用し、多くの成果をあげている方法。

長く伸びきった海藻や、潮位が下がって海面上を這うように横たわった海藻、さらには、切れて流れている海藻を利用する。

これらの海藻を見つけたらそのやや沖側へエギをキャストし、手前に引いてきながらメインラインを海藻に引っかけてしまう。ラインを海藻の上に乗せるような気持ちで、ふんわり軟らかく操作するのがコツだ。海面に横たわっている海藻

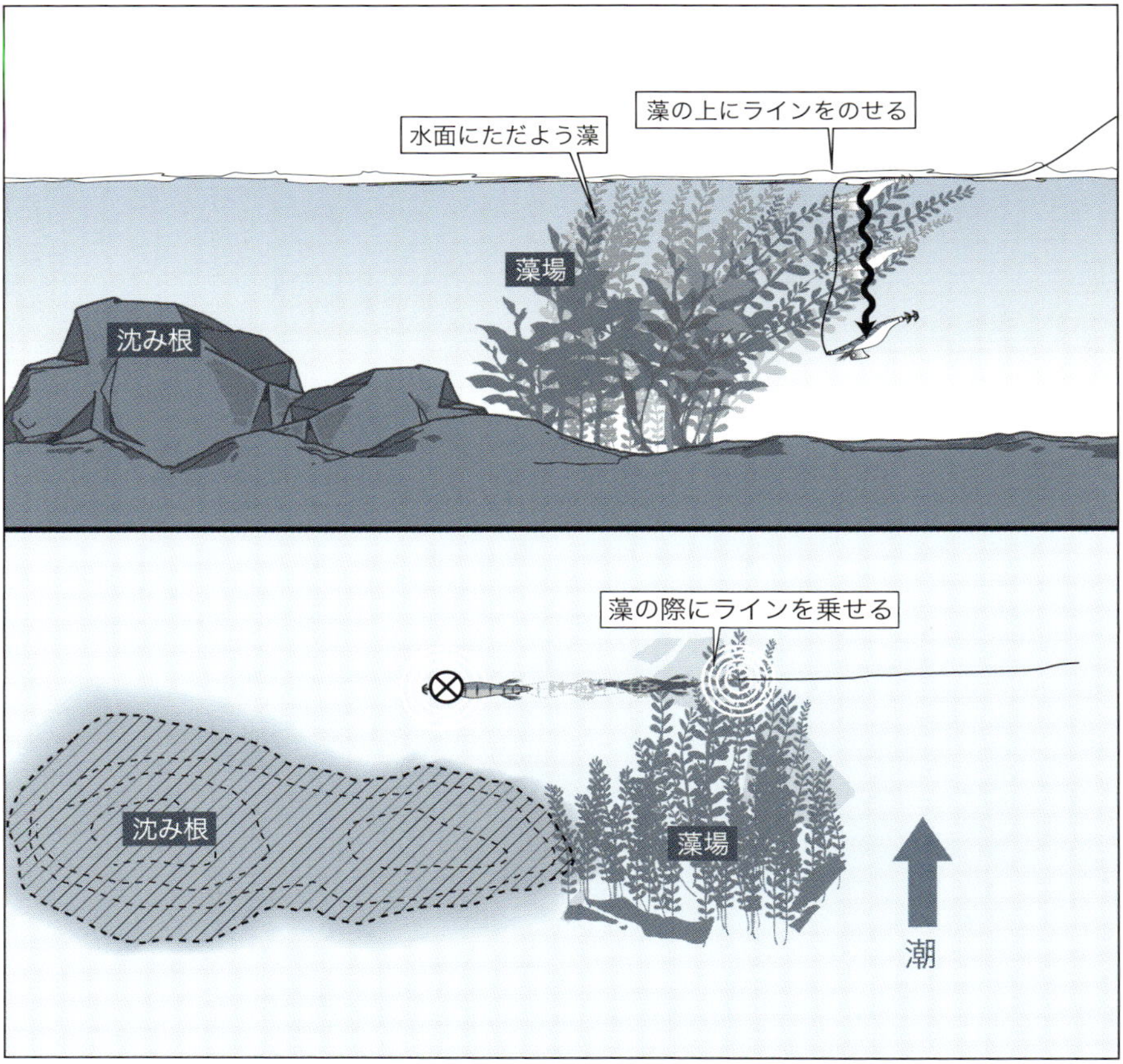


の場合は、できるだけ先端付近にラインを乗せてやるとよい。

ラインを海藻に引っかけたら、海藻（水面）からエギまでの距離を調節し、そのままの状態を維持しつつシェイクを行ったり、軽く引き上げては再び沈めるといった操作を繰り返す。

流れ藻の場合もほぼ同様のやり方でよいが、流れ藻に着くアオリイカは、藻の直下にいる場合が圧倒的に多いため、ラインを引っかけたら、藻の直下までエギを引き上げてしまったほうがよい。この場合も、アオリイカがヒットした際に、ラインが海藻からすんなり解き放たれるよう、できるだけ海藻の端を利用すること。

したがって、使用するエギは2.5〜3号程度までの小型にとどめておいたほうが無難。重量のある大きなエギを使っていると、海藻の端に乗せたラインがするりと抜け落ちてしまいやすいからだ。

もちろん、大型にも耐えられるよう、エギのボディは小型でも、しっかりしたハリが付いている製品を選ぶこと。

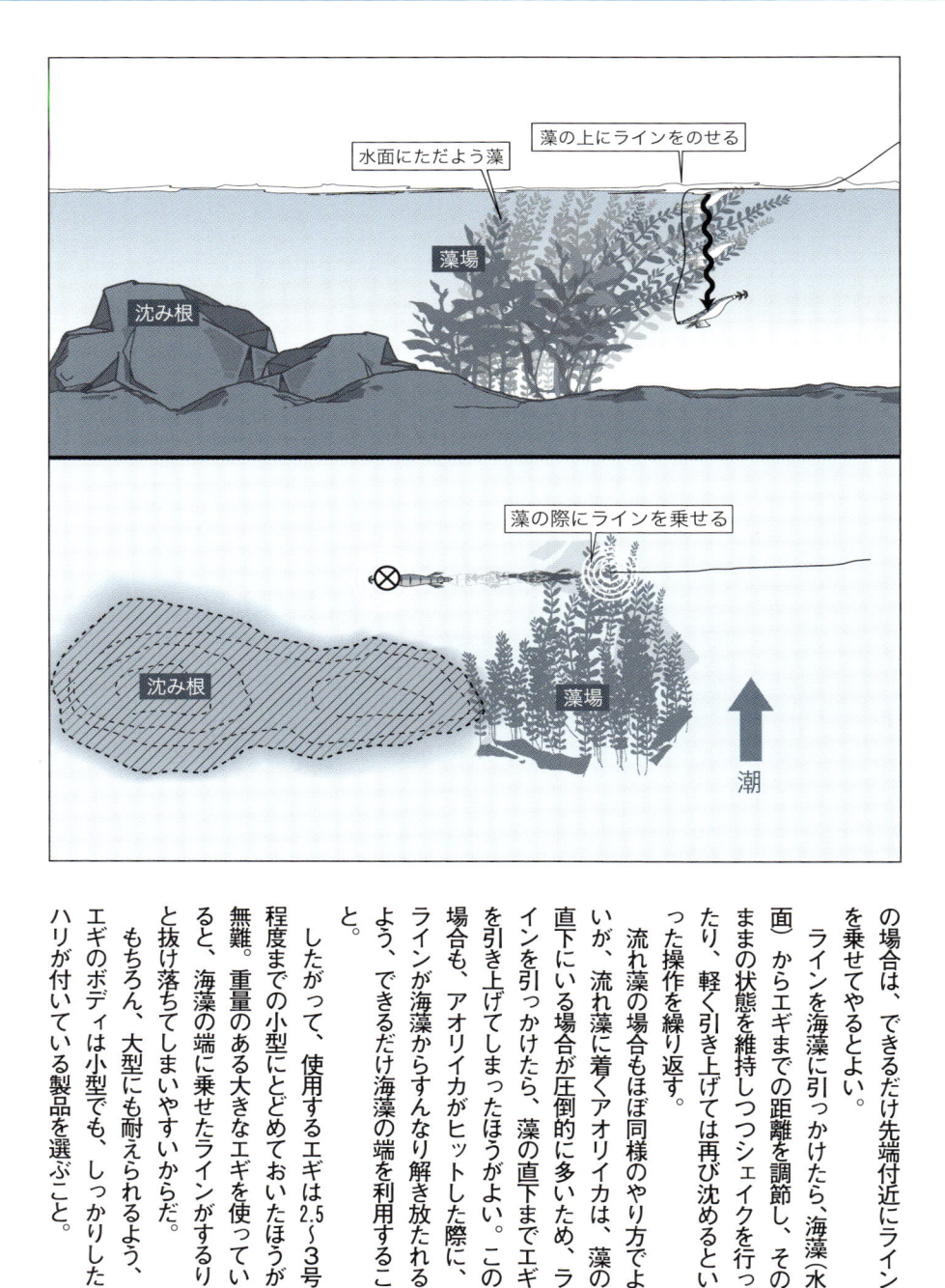

㊙テクで仲間に差をつけろ!

# スレイカには小型エギが効く!

## いきなり小型エギを使うのはNG。まずは標準サイズでアピールを!

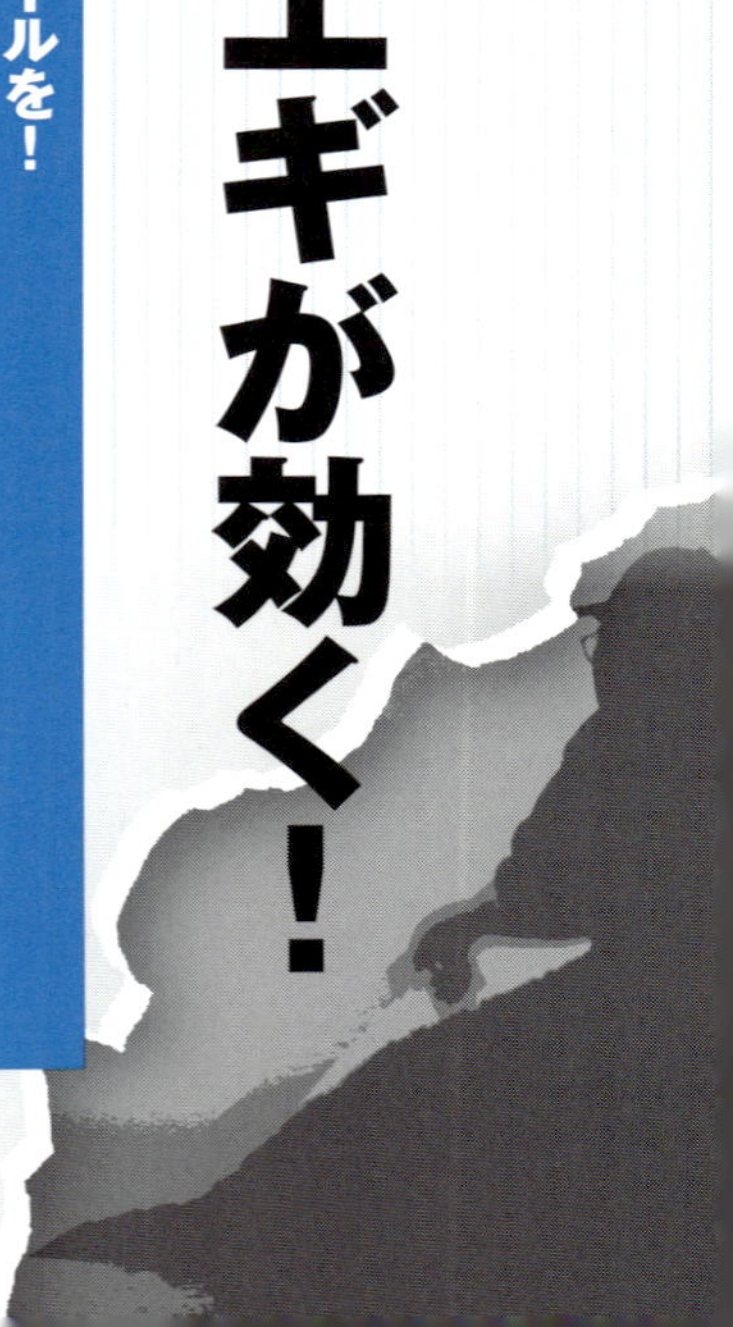

エギングがブームになるとともに、釣り人の数が増加、休日ともなれば釣り場には、ロッドを携え、ビシバシしゃくる姿があちこちで見られるようになった。いや、首都圏から程近い伊豆半島あたりでは、どこへいっても釣り人がひしめいているといった感じである。

それでもなお、コンスタントに釣果が上がるのが、エギングの衰えない人気の秘密。

当然、シーズン初期ならまだしも、盛期ともなれば、通り一遍の釣り方だけでは苦戦を強いられることも少なくない。

ましてや昨今、一年中アオリイカを狙う釣り人が増えたのも事実。となれば、あえてスレたアオリイカに挑む心構えも必要だ。

ひとつは、だれよりも遠投し、あまり攻められていない遠くのポイントに潜むアオリイカを狙い撃つという方法。

少しでも遠投するためには、

① 9フィートクラスのロングロッドを使う。

② 4号以上の大きな重いエギを使用する。

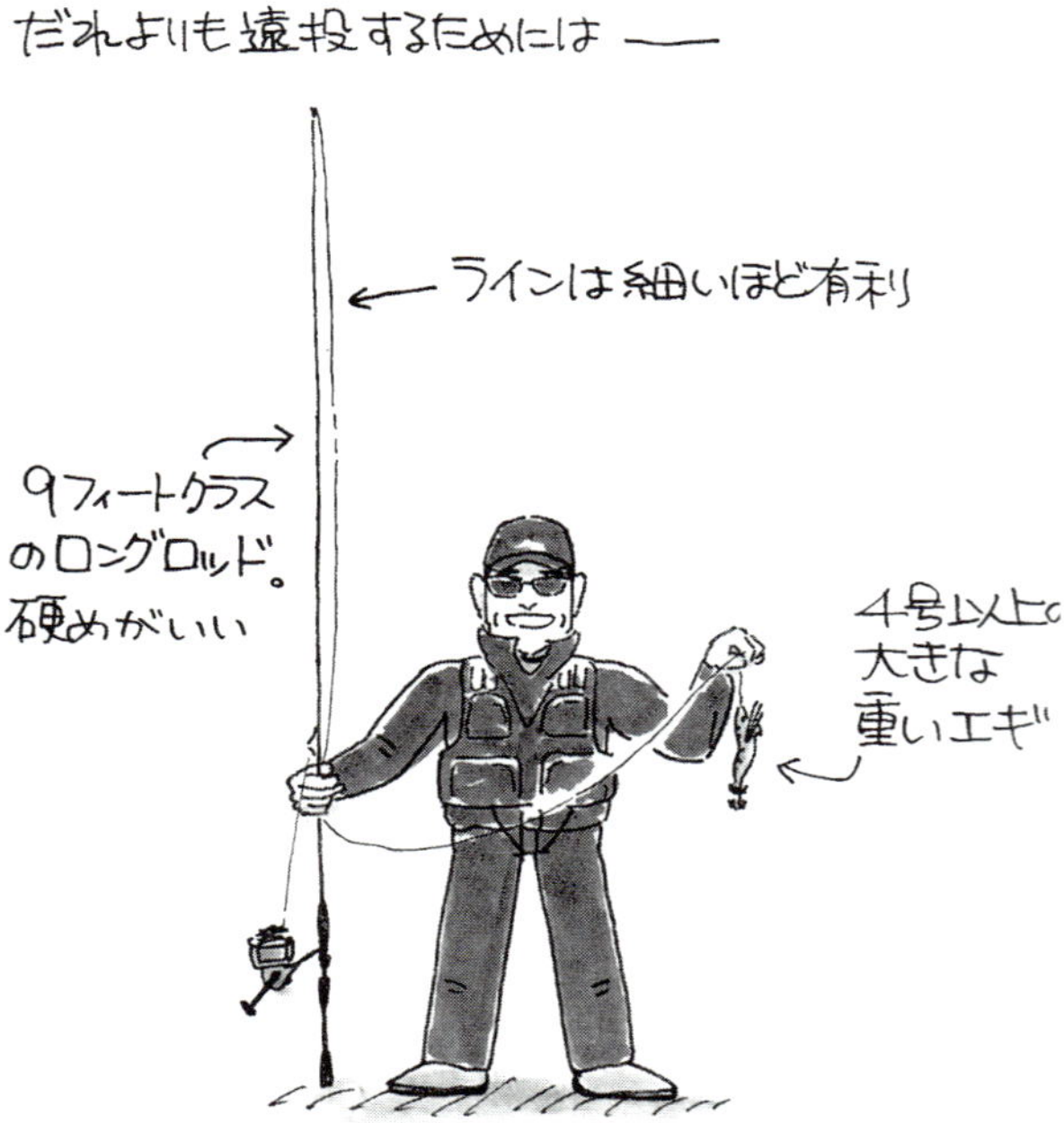

③重いエギを振り切るために、硬めのロッドを使用する。
④ラインは、細いほど有利。おすすめはＰＥ0.6号。

まずは標準的な３号か3.5号のエギでアピールして釣れるイカを手にしたい

タックル的に気を遣う点は以上だが、当然のことながら、遠投するための技術の習得も欠かせない。

## エギのサイズダウンが効く

もうひとつ、スレてなかなかエギに抱きついてくれないアオリイカに挑むことも考えておかなければならない。

産卵期を迎え、近くにエギを差し出しても微塵の反応もしてくれないアオリイカを釣り上げるのは至難だが、反応は示すものの、なかなか抱きついてくれない程度のアオリイカなら、挑み方次第でキャッチできる可能性はすこぶる高い。

決め手となるのは、使用するエギのサイズ。基本的には、小さければ小さいほど効くと思っていただきたい。

ただし、重要なのは、アオリイカにとってエギが小さく感じられるのは、絶対的なサイズ評価ではなく、相対的な感覚であるらしいということ。

すなわち、いきなり小さなエギで挑んでも効果はそれほどではないのに、一度大きめのエギを見せてから、その後サイズダウンしてやると絶大な効果が得られ

上がアピール用の大型エギ。下が軽くてゆっくり沈む乗せ用の小型エギ

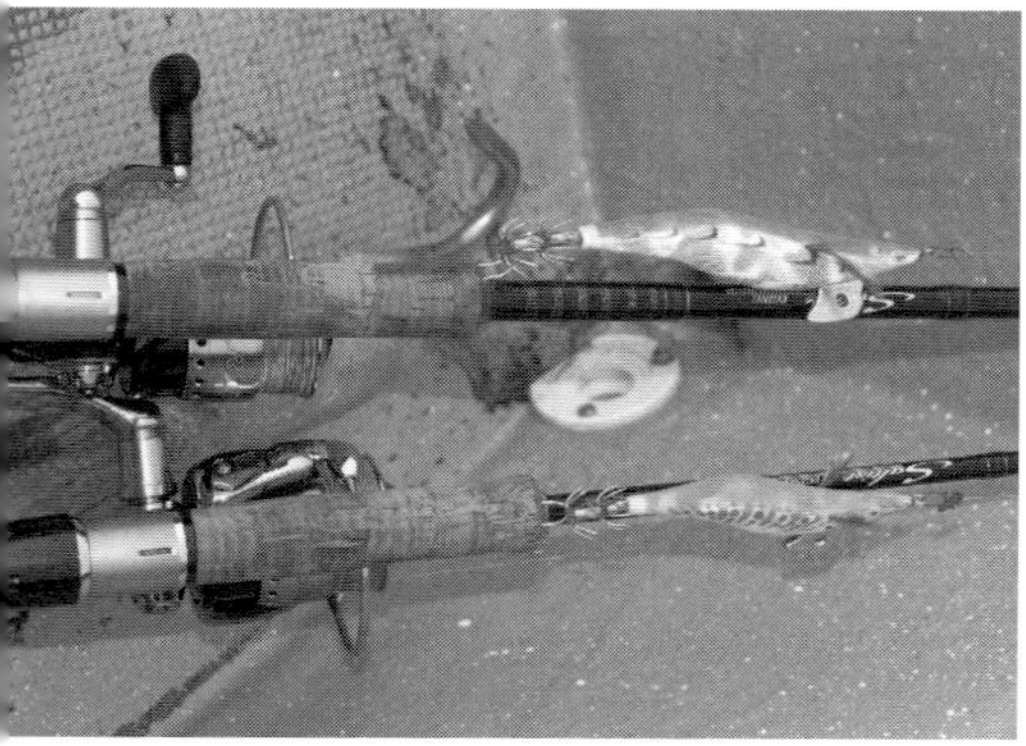

標準エギと小型エギをセットしたタックルを、それぞれ準備しておくとスピーディーに攻められる

勝負どころで小型エギを取り出すことで、スレた見えイカも手にできる

る。

　したがって、予めスレたアオリイカが相手であると分かっていたとしても、一度は標準的な3号か3.5号のエギでアピールしておき、何度か追わせた後に、小さ目のエギでトドメを刺すようにする。

　もちろん、ここでは「小さなエギ」とサイズでのみ表現したが、「小さなエギ」イコール「軽くてゆっくり沈むエギ」ということでもある。

　したがって、一度3号のエギで追わせておいて、次に、同じ3号のエギで、沈みの遅いタイプ（または、オモリをカットして沈みが遅くなるようチューニングしたエギでも構わない）に交換しても同じような効果が得られる。

　サイズダウンをしてもなお、警戒心が強くて抱きついてくれない場合は、さらにエギのサイズを下げる。それ以上小さなエギの持ち合わせがない場合は、カラーをチェンジしてやる。

　いずれにせよスレたアオリイカに少しでも興味を持たせるためには、何かしら目先を変えてやることである。目先を変

## スレイカには小型エギが効く！

える手段として、もっとも手っ取り早く、かつ効果が期待できるのが、小型エギを使うこととなるのだ。

繰り返しになるが、アオリイカがエギを小型であると判断するのは、絶対的ではなく相対的な基準によるもの。したがって、激戦区だからといって最初から小型のエギを使っても効果は薄い。

それどころか、小型エギは大型エギに比べてアオリイカを寄せるためのアピール力が弱いうえ、着底までに要する時間が長く、エギングのテンポが遅くなってしまう。

いきなり小型エギに頼ると、数かずのデメリットが露呈してしまうわけである。

あくまでも最初は、3号か3.5号でスタートし、勝負どころで小型エギを取り出すこと。

闇雲に小型エギを使うのではなく、最大の威力を発揮できるような使い方をするべきだ。それらを踏まえてこそ、「スレたアオリイカには、小型のエギが効く」と痛感できるようになるのである。

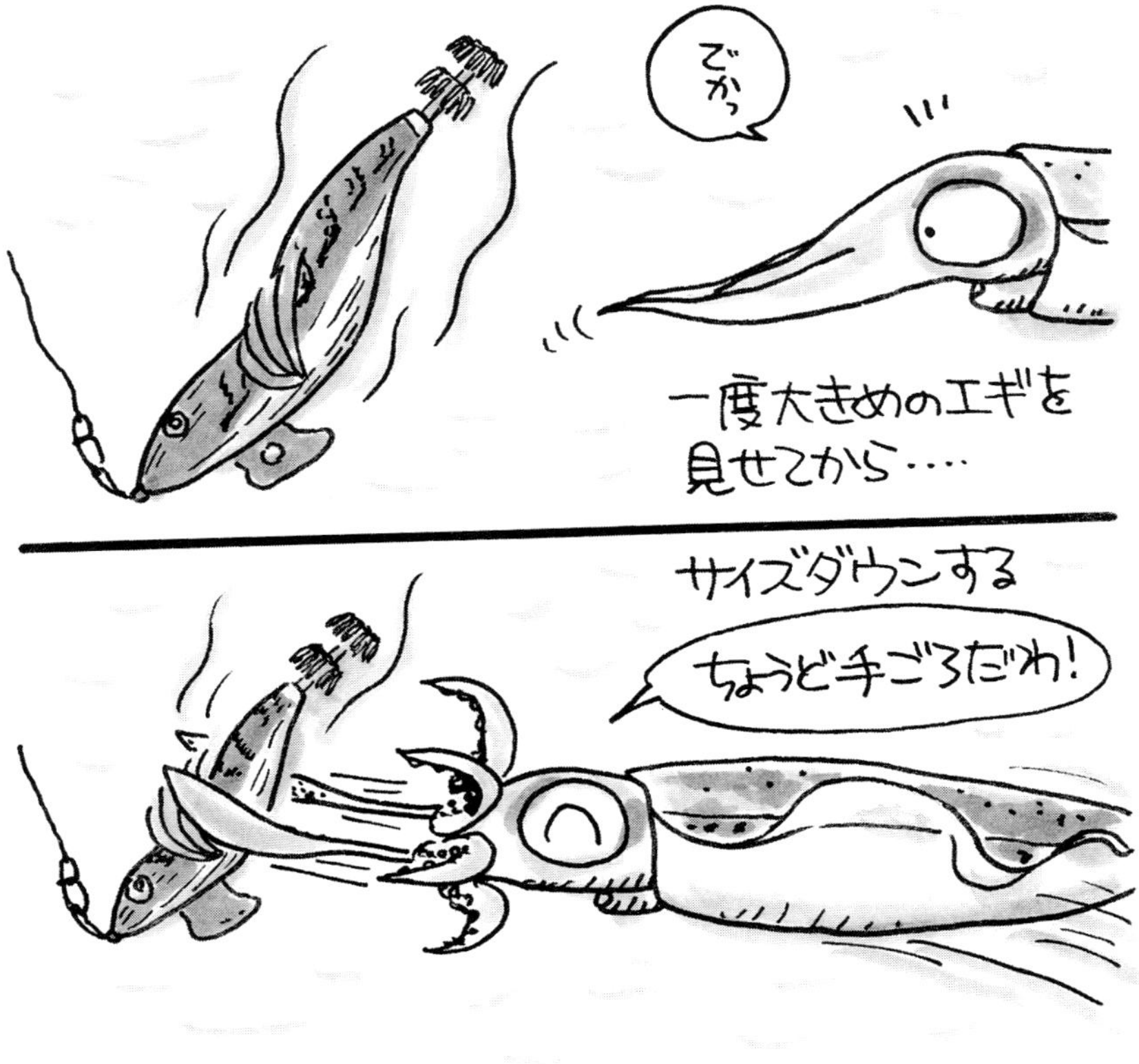
でかっ
一度大きめのエギを見せてから…
サイズダウンする
ちょうど手ごろだわ!

ていれば、何かしら変化に気付くハズだ。
エギが着底したら、強くしゃくり上げ、再びラインを張ったままフォールさせる。その繰り返しだ。

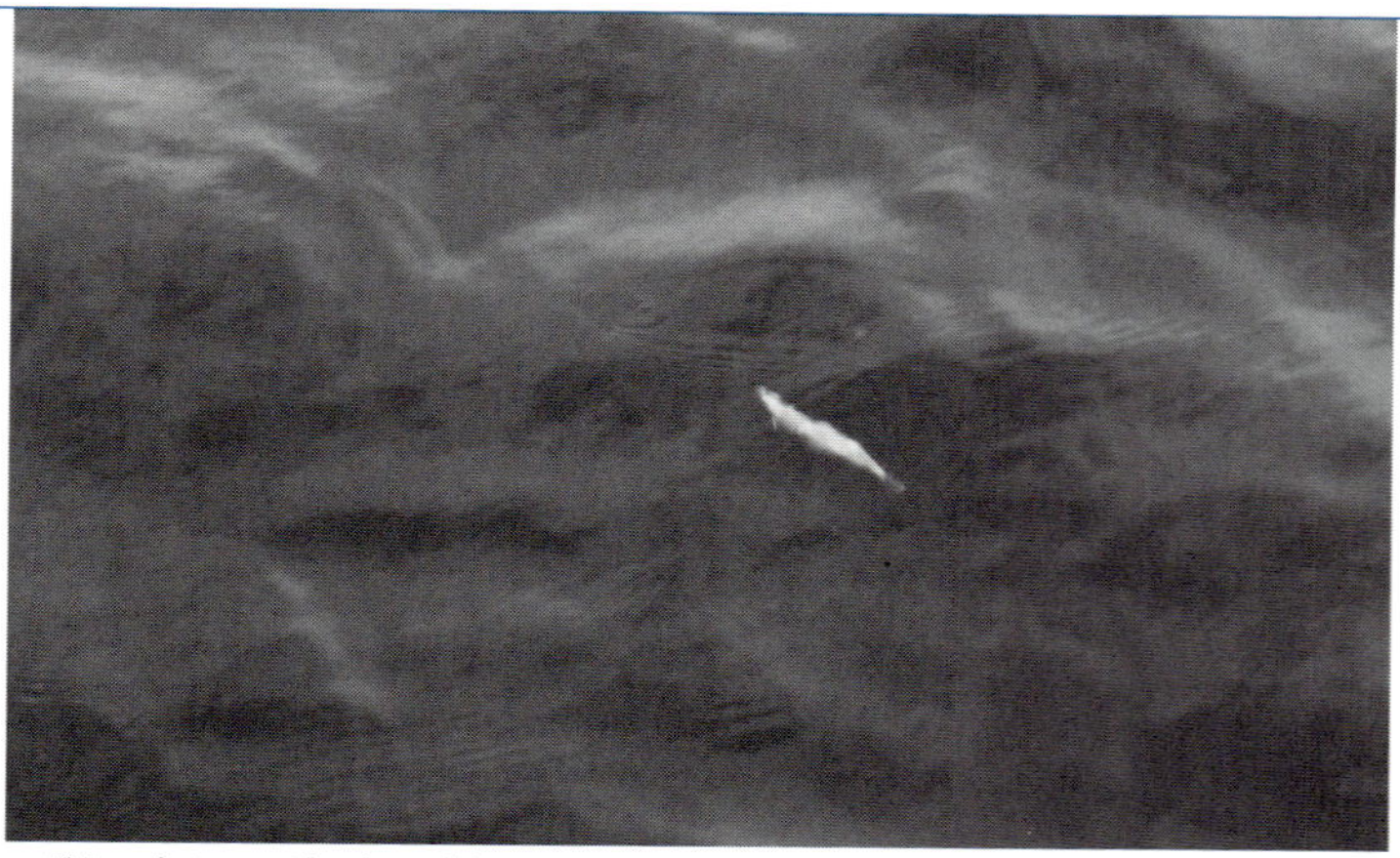

エギを一定のレンジでキープすることも可能となる

## カーブフォールの応用ワザ

カーブフォールは、アタリが取りやすいだけでなく、実は、応用範囲が広く、色いろな場で活用できるテクニックである。

前述したように、基本はキャスト後の最初のフォーリングからラインにテンションをかけてやることであるが、水深の深い釣り場では、せっかくロングキャストをしたにも関わらず、1回のカーブフォールでエギが手前に寄ってきてしまうことになる。そこで、少しでも沖目を狙いたいときには、キャスト後、いったんフリーフォールでエギを着底させ、最初のしゃくり以降にカーブフォールを取り入れる。

さらに、フォールの際のテンションのかけ方によって、エギの沈み方や、フォール中の姿勢をコントロールすることも可能だ。

例えば、ラインを張りつつ、フリーフォールに近い状態を作り出してやるには、しゃくり上げてからフォーリングに移る際、立てていたロッドを少しずつ前に倒しながら、ラインを送り出すようにしてやればよい。

エギが沈むのと同じスピードで同じ距離分だけラインを送ってやれば、エギは自然に近い状態でフォーリングすることになる。

ラインのテンションのかけ方ひとつで、フォーリングの姿勢やスピードをコントロールすることができるのだ。

さらに、やや難しいテクニックではあるが、ロッドをゆっくり後方に倒すことにより、エギに一定のレンジをキープさせたまま引いてくることもできる。

例えばボトムの直上を一定のレンジをキープしつつ引こうとする場合。

キャストしたエギをいったんボトムまで沈め、軽くしゃくり上げる。その状態でラインを張ったまま、一定のテンションを保つようなつもりでロッドを後方に倒してゆけば一定のレンジを保つことができるのである。

キモは、ロッドを倒しエギを引くスピ

## カーブフォールという必殺ワザ！

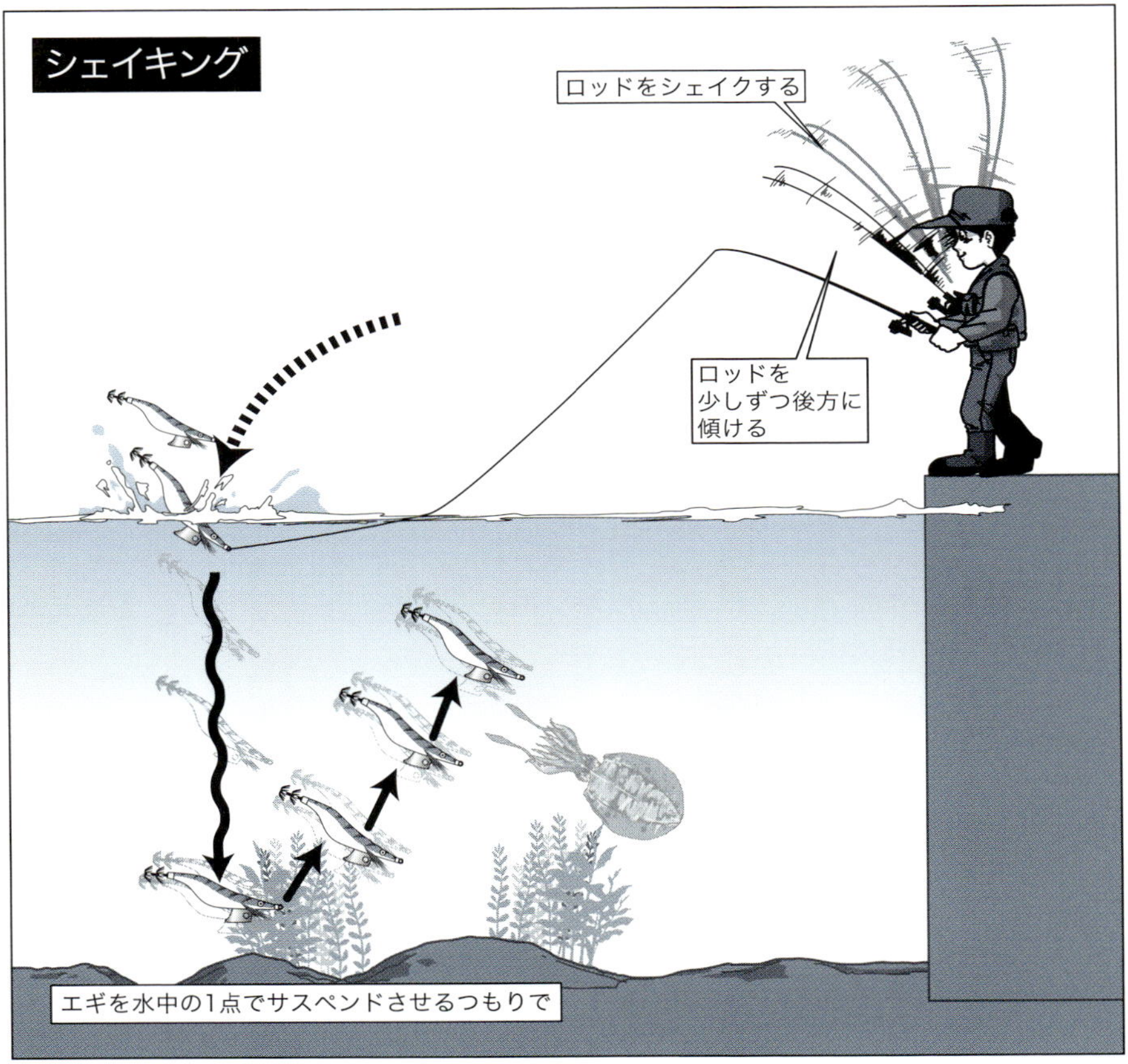


ード。理論上はフリーフォールで沈んで行くスピードで横方向に引いてやれば、エギは一定のレンジを保ち続けることになる。

したがって、一定のレンジをゆっくりしたスピードで引きたければ、重量の軽い小さなエギを使い、速いスピードで引きたければ重い大きめのエギを使えばよいことになる。

カーブフォールをさらに進化させた応用編として、シェイキングというワザもある。

エギを水中の1点でサスペンドさせておく方法で、具体的にはテンションをかけつつロッドを小刻みに揺すり（シェイク）続ける。

その際ほんの少しずつロッドを後方に引いてやるのがキモ。シェイクによって浮揚力を得たエギも、ラインのテンションによって少しずつ手前に寄ってきてしまう。その寄ってきた分だけ、ラインを巻き取ってやらなければならないのだ。

カーブフォールは、魔法の必殺ワザなのである。

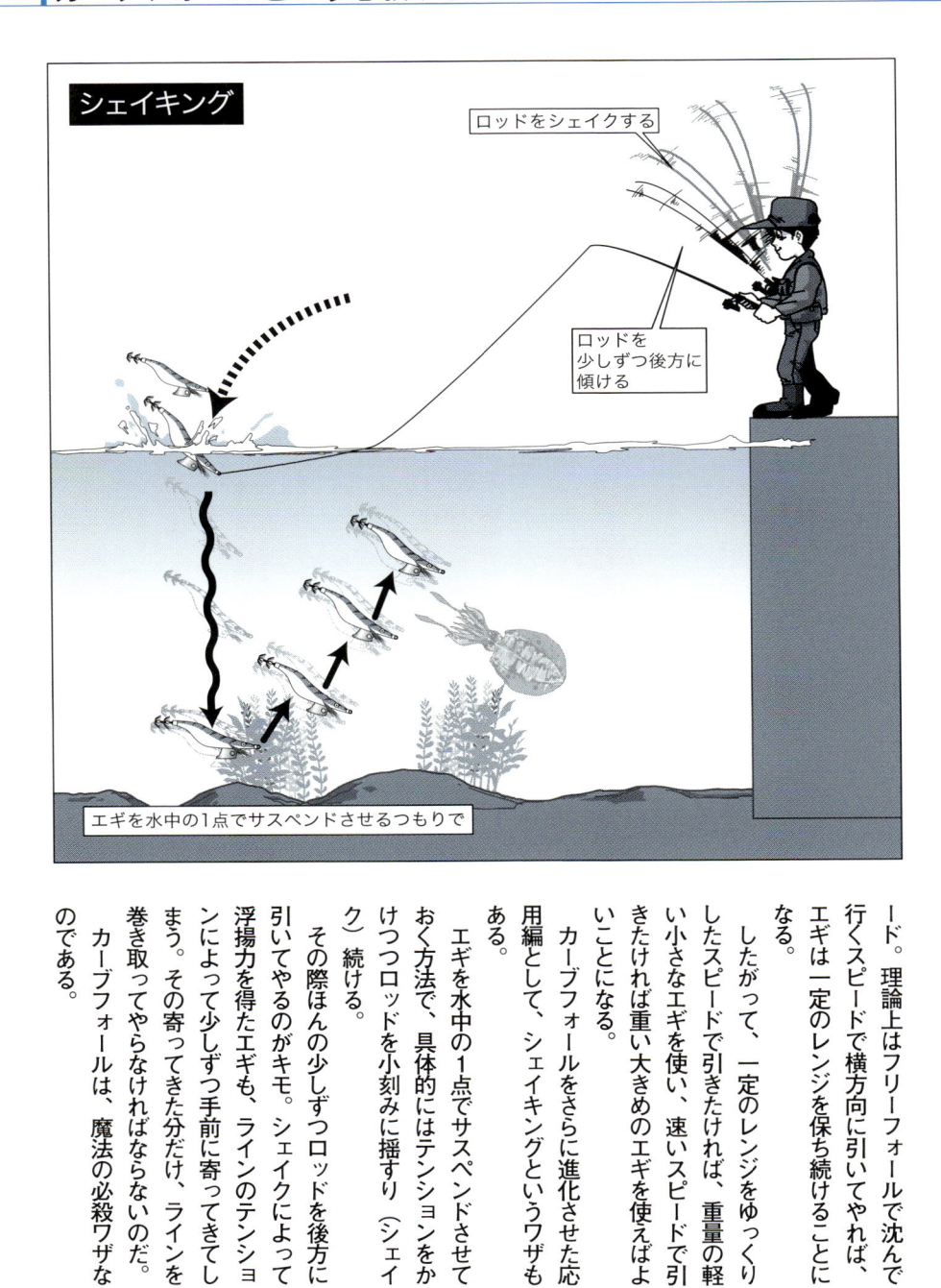

## ㊙テクで仲間に差をつけろ！

# 細いラインが有効なワケ！

### ラインは細いほどエギの沈下速度や姿勢に影響しにくく、食いもアップ！

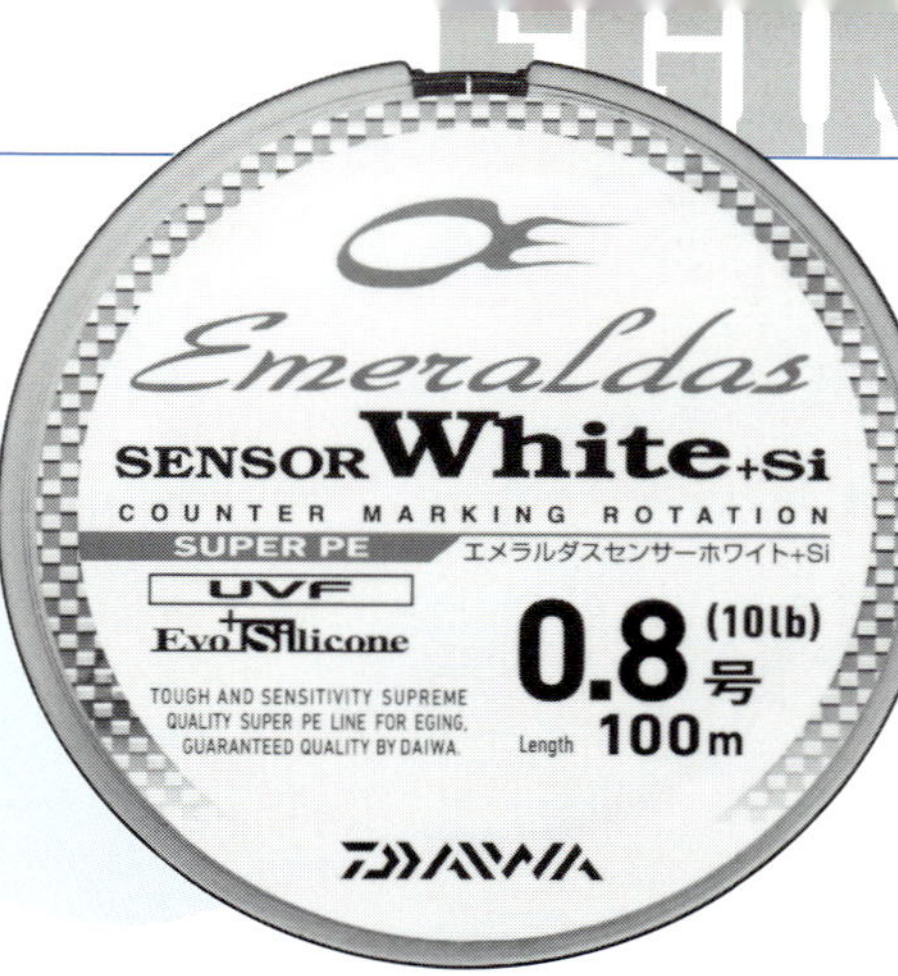


ＰＥラインの普及でエギングは大きく進化した。現在では専用アイテムも数多く市販されている

事あるごとに、「エギングにおけるメインラインは必ずＰＥで、細ければ細いほど有利ですぞ」とあちこちでしゃべったり書いたりしている。

具体的な号数でいえば、理想は0.6号。コストや流用性を考慮するなら0.8号。どんなに太くても、せいぜい1号止まりだろう。

0.6号のＰＥラインというのは、十分な強度があるうえ、抵抗が少なくエギがよく飛び、しゃくる際の釣り人の意図がエギまでよく伝わる。

風に吹かれた時などメリットを如何なく発揮してくれるが、唯一、値段が高いというデメリットがある。

現状のＰＥラインの価格は、0.8号までは細くなるほど安くなるのであるが、0.6号以下は再び高くなってしまう。ただでさえ値段の高いＰＥラインであるから、これは大いに気になるところ。

したがって、コストを考えるなら0.8号がもっともお得なのだ。値段の話はさておき、なぜ細いラインが有効なのか、もう少し詳しく説明しておく。

エギは元もと水中に放り込むと頭を下方に向け、ナナメの姿勢を保ったままゆっくり沈んでいく。海水中で沈むスピードは、3号のエギで1メートル沈むのにおよそ4秒を要し、3.5号では3.5秒程度である。

ただし、それはあくまでもエギ単体を海に放り込み、沈めた場合の目安であっ

て、実際にはエギにつながるラインの水中抵抗に大きく左右されてしまう。太いPEラインにつながれたエギと、細いPEラインにつながれたエギを比べれば、同じエギでも沈むスピードが変わってしまうのは当然のことと理解できよう。

細いPEラインにつながれたエギは前傾姿勢で沈下してヒットへと導いてくれる

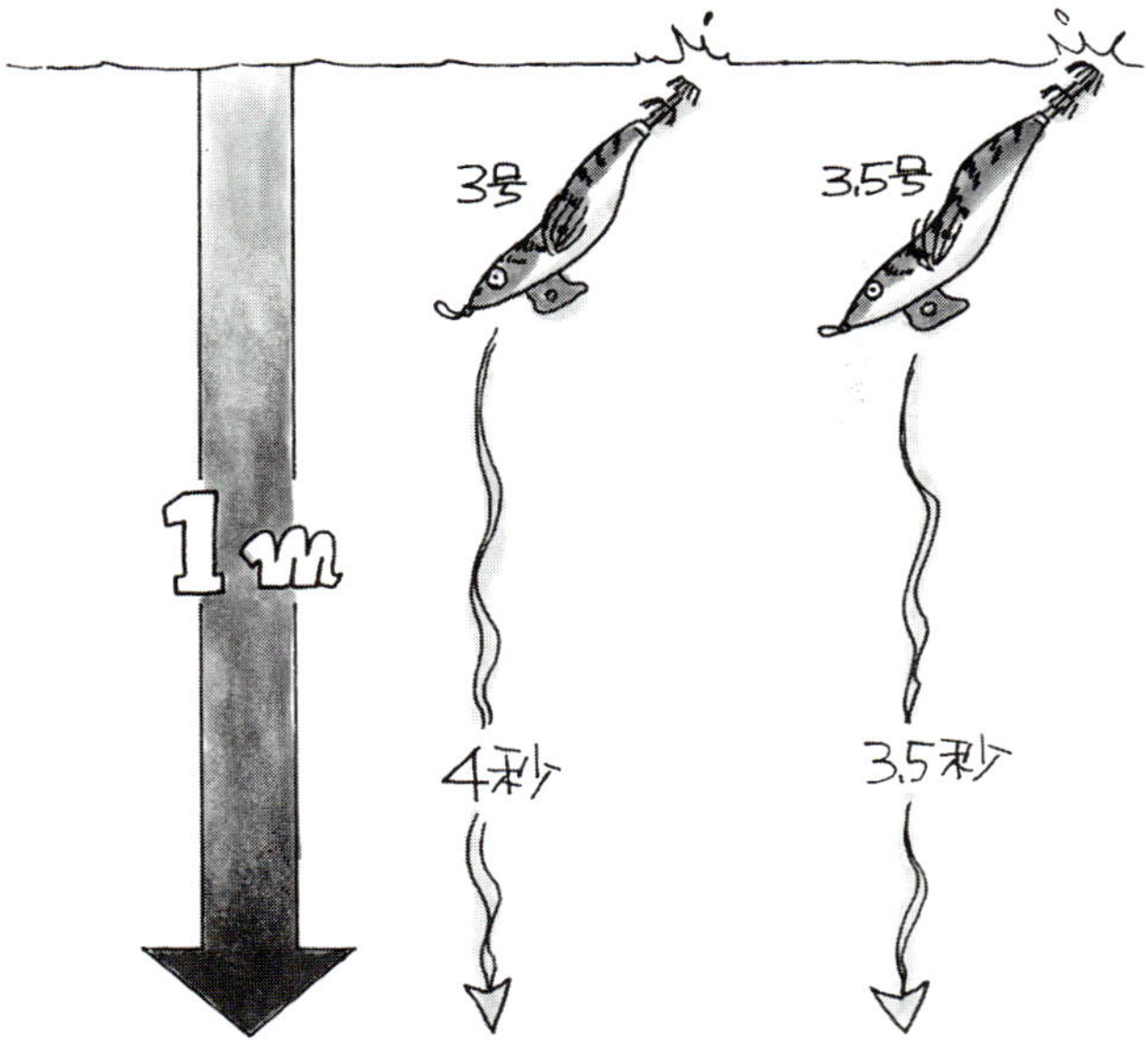


## 細いラインはエギの姿勢を崩さない

しかし、もっともっと重要なのは、エギの沈むスピードが変わってしまうことではなく、エギの姿勢が変わってしまうこと。

エギは若干頭を下げた、前傾姿勢で本来の威力を発揮する。なぜだか理由はよく分からないが、アオリイカは、前下がりに傾いたエギが好きと見えて、前傾姿勢のエギに不思議とよく抱きついてくるのである。

ところが、ロングキャストをすればするほど、空中のラインが風の抵抗を受ければ受けるほど、エギは鼻面を引っ張り上げられ、水平姿勢に近づいていく。太いラインがより大きな抵抗を受けた場合は、水平姿勢を通り越し、尻下がりとなってしまうかもしれない。

そうなれば、アオリイカの反応は極端に悪くなってしまう。

細いラインがよいという理由は、エギがよく飛ぶということだけでなく、エギのバランス（姿勢）を崩さないということでもあるのだ。

ところで、PEラインを使用する釣り人の割合が増えるにつれ、メーカーも新しいPEラインの開発に余念がなくなり始めた。各社各様、それぞれのコンセプトに則った、新しい感覚のPEラインが次つぎと発売されるようになったのだ。

多くのメーカーが工夫を重ねているのは、ふにゃふにゃしたPEラインにコシを持たせることと、比重を大きくすることとの2点。

細く、強く、感度のよいPEライン。つまんで持てば、指先にアタリが伝わる

ふにゃふにゃしたPEラインにコーティングを施したり編み方を工夫したりして、しゃきっとしたPEラインを作り上げようとしているのであるが、これはキャスト時のトラブルを最小限に食い止めるため。

比重を大きくする理由は、水中で早く沈めるため。

どちらもナイロンモノフィラメントラインのそれに近づけようとしているのであろうが、そうなればなるほどPEラインの特徴が失われていくことになるのだ。

コシのないふにゃふにゃも、ふわっとした軽さも、PEラインの武器のひとつであると、ぼくは思っているのであるが……。

その工夫とは別に、従来のPEラインより2～3割も強度がアップした、新たな素材を使用した〝ニューPEライン〟も、各社から続ぞくと発売され始めている。

例えばあるメーカーのPE0.8号ラインを例に取った場合、従来の製品の直線引

## 細いラインが有効なワケ！

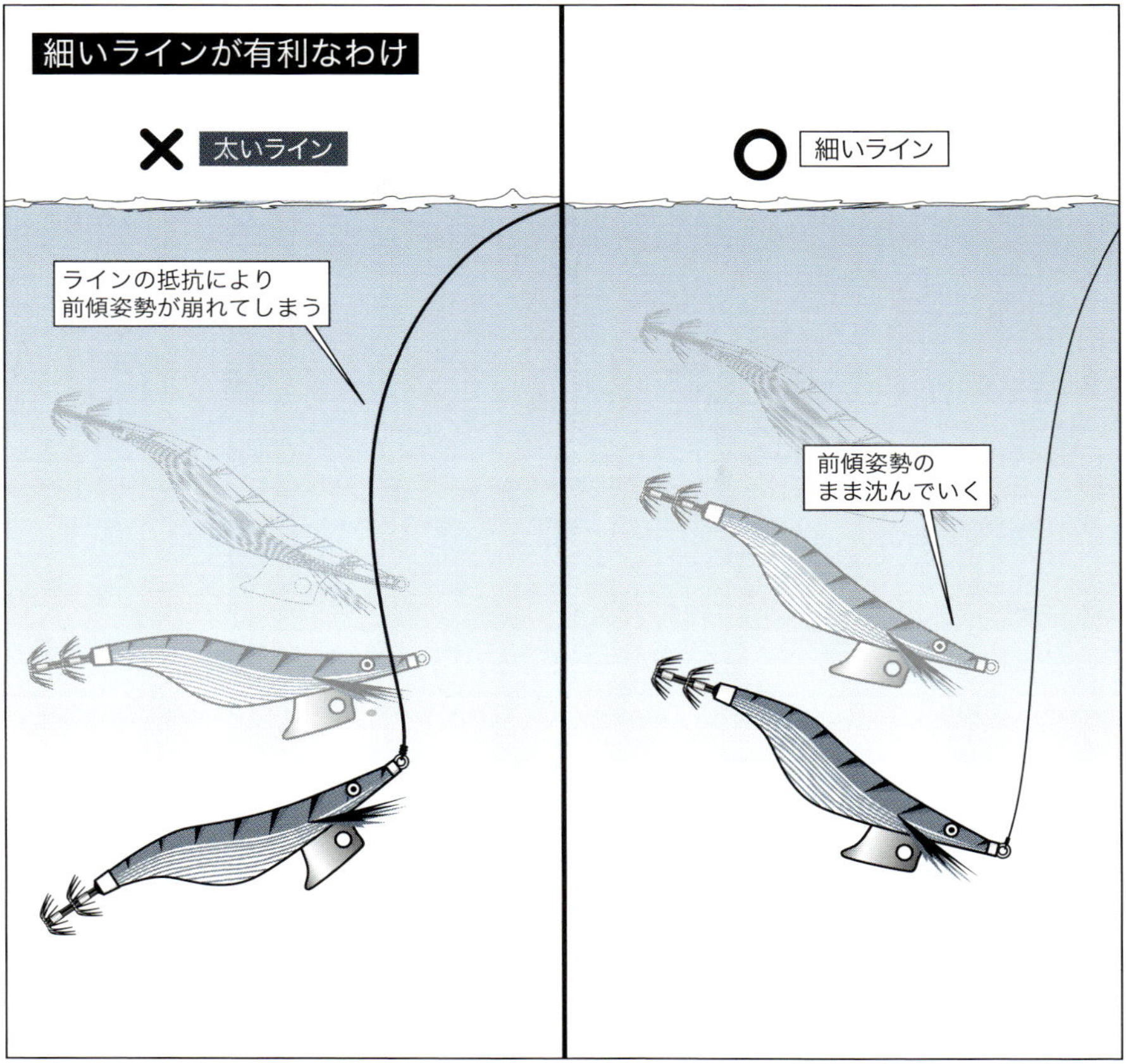


っ張り強度が5.5キログラムであるのに対し、新しい製品の直線引っ張り強度は8.2キログラム。実に、50パーセント近い強度アップだ。

　こうなると、細糸を使用する釣り人は嬉しい限りである。同じ0.8号ラインでも、より自信を持って使用できるからだ。

　ただし、強度が大幅にアップした分、値段も大幅アップとなってしまったのは悲しいことだ。PEラインが手軽に使えるよう、価格が下がってくれるとありがたいのだが。

細いPEラインで攻める場合、
フロロリーダーは必需品となる

最小限のエギをバッグに詰め込んで、軽快に釣り場を巡る。そんな機動力を生かすためのアイテムが補助オモリ

㊙テクで仲間に差をつけろ!

# 補助オモリの使い方!

**もっとも簡単なエギのチューニングは、補助オモリを足すこと!**

いざエギングへ出かけようとすると、さて、いったいどのエギを持っていったらようのだろうか、と迷ってしまうことがよくある。

標準は3号か3.5号。カラーはピンク系を少々とオレンジ系を少々。ひょっとすると深場を攻めることになったり、風が強かったりするかもしれぬから4号も数個。小さな見えイカが素直に乗ってこないことがあるかもしれないし、中大型のスレッカラシに手を焼いたりするケースも考えられるから、2.5号も数個持参しておこう。

などと、あれやこれや、これやあれや、迷えば迷うほど釣り具メーカーの戦略によらずとも、エギングバッグが膨らんで

ゆくものである。
確かに備えあれば憂いなしとはいうものの、備え過ぎは機動力を著しく低下させる。できることなら、最小限のエギをバッグに詰め込んで、軽快に釣り場をめぐりたいものだ。

持参するエギを最小限に絞り込むには、1本のエギの応用範囲を広げることが手っ取り早い。

これはまさに、ルアーフィッシングの場合とまったく同じ。特定のルアーのフックのサイズを大きくしたり小さくしたりすることによって、全体の重量が変わり、潜る深さやアクションが変わってくる。

エギも同じ。

全体の重量を軽くするにはオモリをニッパーでカットしてやればよいし、重くするにはオモリにウエイトを足してやればよい。簡単なことであるが、実際、現場でエギのウエイトや動きをコントロールし、自在に操っている釣り人は、あまり見かけない。

その際、オモリをカットして軽くするのはたやすいが、一度軽くしたエギを元通りに戻すことは当然できない。

せっかく買った商品が、ひょっとすると一瞬で使い物にならなくなってしまうのではないかという自信のなさと、一度オモリをカットしてしまったら、2度とは元に戻せないという不安が、揺らぐ心にブレーキをかけてしまうからに違いないのだ。

## エギのチューニング法

そんな迷える釣り人も、オモリを足して試してみることならたやすいのではないか。元もとのオモリに補助オモリを装着するだけなので、思い通りにならず失敗したと思ったら、すぐさま取り去って元に戻せばよいことだからだ。

この、オモリをカットして軽くしたり、オモリを足して重くしたりすることをチューニングという。

補助オモリを装着するチューニングの仕方は、いくつかパターンがある。

もっとも手軽で、かつ一般的なのは、オモリの部分にイトオモリを巻き付けたり、ボディに巻きつけたりする方法。

オモリに巻きつけるパターンはだれでも簡単にできるうえ、巻きつけた後のエギもスマートで違和感も少ない。釣れさえすれば見た目はどうだってよい、という時代はすでに過去のものであろうから、チューニングを施した後のエギの見てくれにもある程度は気を遣いたいものだ。

実際には、必要な重さになるまでイトオモリをグルグル巻き付ければよい。

オモリの形状によっては、イトオモリを巻き付けられないケースもある。そんな時は、いよいよ見てくれの悪さに目をつぶりボディに直接巻き付けることになる。

イトオモリを巻く位置は、オモリの後端付近か前端付近。この場合は、巻き付けたイトオモリが緩みやすいので、強めに巻き付けること。

最後に、やや特殊なパターンであるが、特定メーカーのエギはオモリに丸い穴が開いていて、そこにセットできるオモリが販売されている。

ダイワのエギシリーズにセットできるオモリは「餌木プラスシンカーZn」。着脱が容易で、装着後もすっきりしていてスマートである。また、スナップ式の「TGアゴリグシンカー」なども利用できる。

補助オモリを使ったウエイトアップの効果を覚えたら、次はオモリをカットして、スローシンキングのチューニングに挑んでみていただきたい。現場でいきなり行うのは難しいが、どこかの港へ出かけ、じっくり時間をかけて納得のゆくバランスを作り上げることだ。

チューニングの終わったエギは、静かな港内で自然に沈めてみて、秒速何10センチで沈むのか、あるいは1メートルを何秒で沈むのか、しっかり確認し、その結果をマジックでオモリに書き込んでおくとよい。

チューニングに慣れて、1つのエギの使用範囲が広がれば、自ずと持参するエギが少なくて済むようになる。

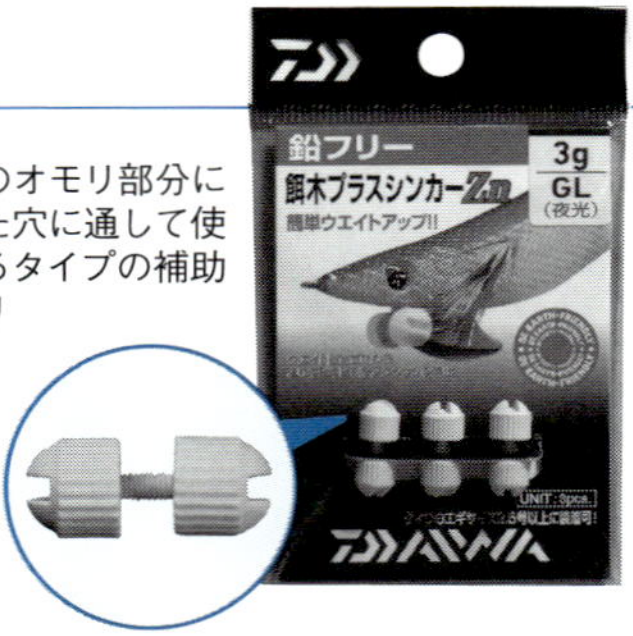

エギのオモリ部分に空いた穴に通して使用するタイプの補助オモリ

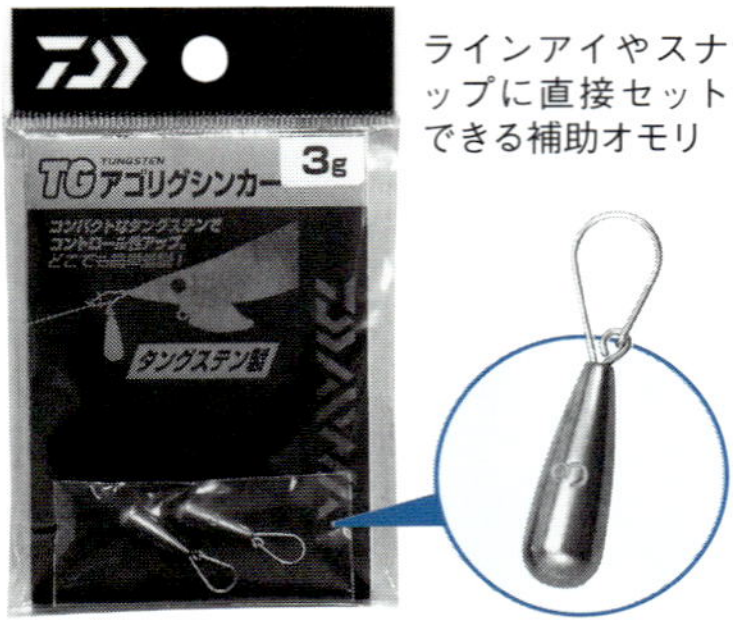

ラインアイやスナップに直接セットできる補助オモリ

もし、専用の補助オモリがない場合でも、イトオモリを使ってチューニングできる

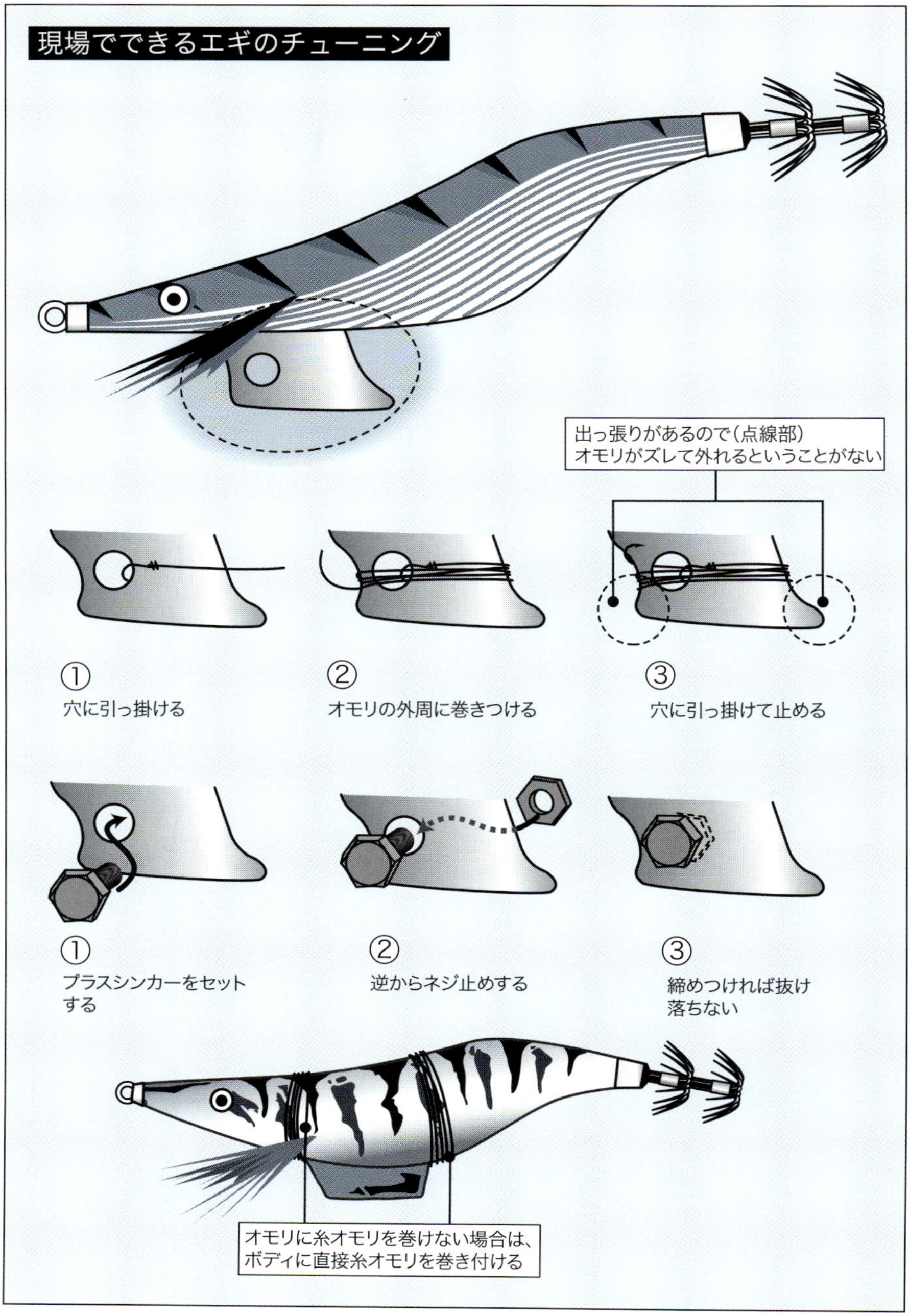
現場でできるエギのチューニング
出っ張りがあるので（点線部）
オモリがズレて外れるということがない
①
穴に引っ掛ける
②
オモリの外周に巻きつける
③
穴に引っ掛けて止める
①
プラスシンカーをセット
する
②
逆からネジ止めする
③
締めつければ抜け
落ちない
オモリに糸オモリを巻けない場合は、
ボディに直接糸オモリを巻き付ける

㊙テクで仲間に差をつけろ！

# 風が強い日のエギング

## 風の影響を最小限に食い止めるようなラインの操作が重要！

強風時のエギングでは、風裏の釣り場や、背から風を受けるポイントを選ぶのが基本

風の強い日の釣りは厄介である。道糸が風に吹かれ、流され、時にはもてあそばれて、思うようにポイントを攻めることができなくなってしまうからだ。

風の強い日は、できることならまず、風裏の釣り場へ入ることが望ましい。A級の釣り場で四苦八苦して中途半端なゲームを展開するより、例えB級釣り場でも、しっかり思いどおりにエギを操ったほうがよい結果につながるケースが多いからだ。

とはいえ、風に立ち向かわなければならない場合だって少なくない。

正面から強い風が吹き付けている場合は、エギの飛距離が一番の問題である。となれば、できるだけ大きなエギを使用

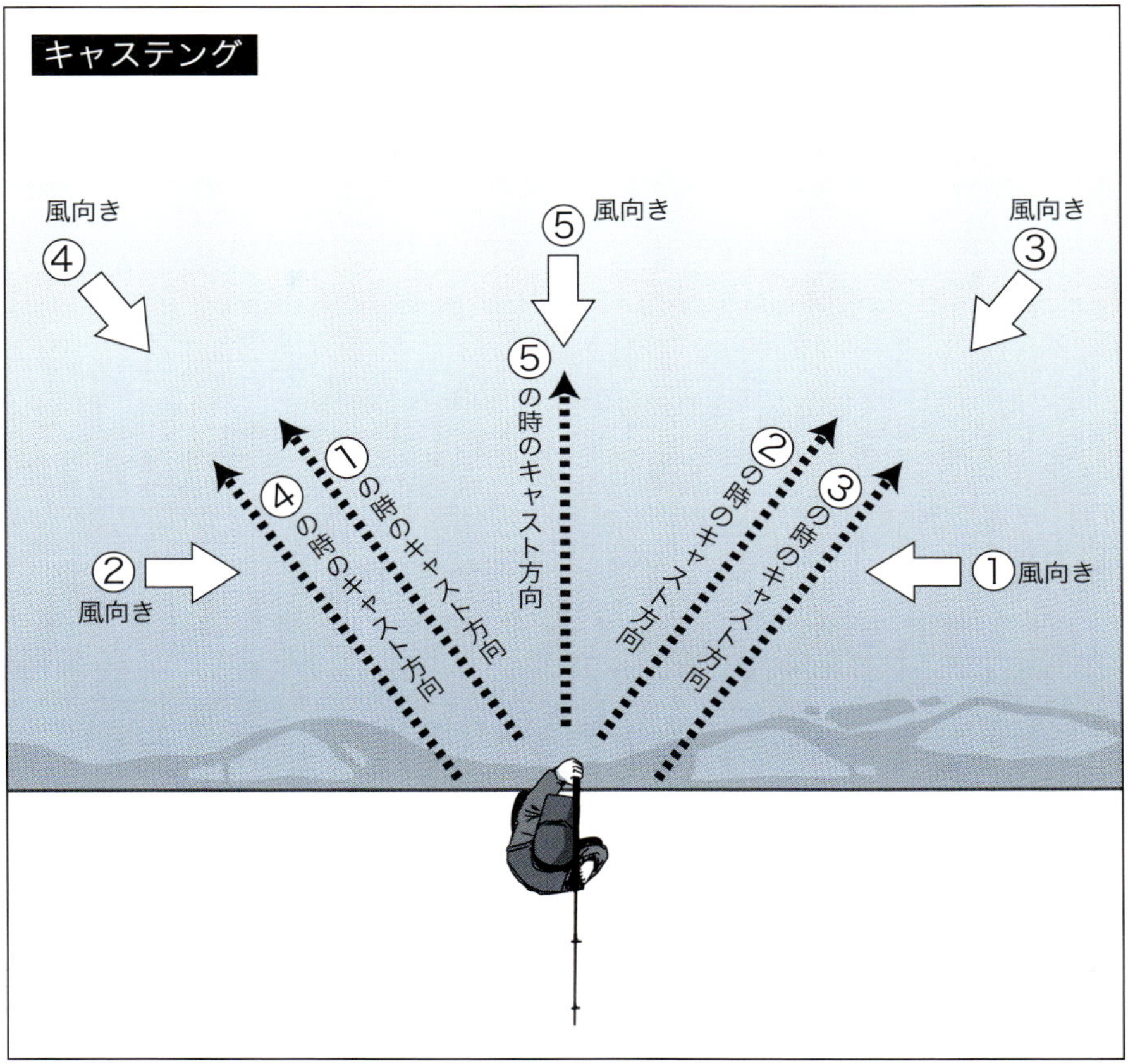


するか、補助オモリを装着し、ウエイトを増して風に立ち向かう。

　足場は危険にさらされない限り低い位置に設定し、空中で風を受ける量を最小限にとどめるよう努力することだ。

　しゃくった後のライン処理も大切だ。ロッドを上方にしゃくり上げれば、当然ラインはフワリと中に舞う。そのフワリが、比重の小さいPEラインの場合、意外と尾を引く。

　いつまでもフワフワさせないよう、ロッドティップを下方へ思い切り下げ、1秒でも早くラインを海面に張り付けてしまうこと。海面に張り付いたラインは、エギに引かれて海面に波紋を作る。その波紋を作っていたラインの動きがツッと速くなれば、アオリイカがエギに抱きついた証拠。少しでもおかしいナ、と感じたら合わせてみることだ。

　それさえままならないほど風が強い場合は、もはや空合わせに頼るしかない。エギをしゃくり上げては沈め、沈めてはしゃくるを繰り返しつつ、しゃくり上げる際は、一応合わせを兼ねているものと

風の強い時は、キャスト後やしゃくった後のライン処理が大切

し、中途半端にやらないことである。アオリイカが乗れば、ズンッとはっきり伝わる。

## 横風への対処の仕方

さらに厄介なのは横風。

横方向からの強風に吹かれると、ベテランでもエギをコントロールするのは大変だ。

第一の対策として、ラインに対して風が直角にならないよう、ややナナメのキャストを心がける。

右からの風なら左ナナメ前方に、左からの風なら右ナナメ前方へキャストを行えば、最悪の直角方向の風は回避できる。

ちなみに、ナナメ前方から吹き付けてくる場合は、風下方向へ角度を逃がすことができないため、あえて真正面となる向きにキャストを行う。

いずれにせよ横向きの風を受けた場合は、キャストの際も、しゃくった際も、ラインが大きくフケることとなるため、フケたラインを速やかに処理しておかなければならない。放っておけば、糸フケが糸フケを呼び、ついには手におえなくなってしまうからだ。

フケたラインの処理は、メンディングと呼ばれる方法で行う。

エギをキャストしたら、いったんスプールエッジに指を当ててラインの出を止め、ロッドティップを思い切り下に下げ、できるだけ速くラインを海面に張り付かせる。

ラインが海面に張り付いたらロッドを下げたままの状態でラインを送り出し、エギを着底させる。着底したどうかの判断は、水面のラインが作る波紋で行うことになるため、ラインの動きから目を離

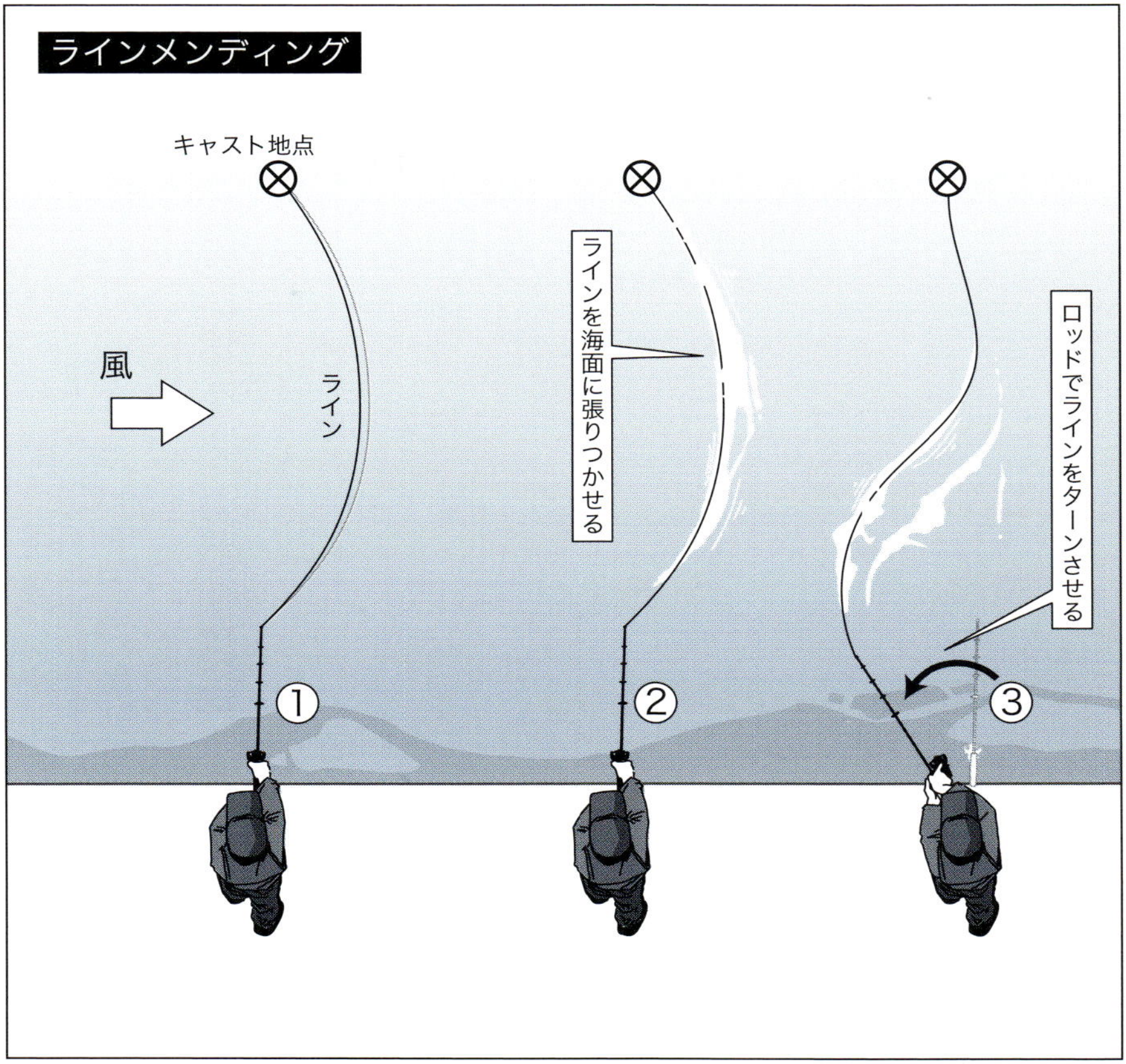


さないこと。

着底したら、素早くラインを張り気味にし、フライ返しでたまごをひっくり返すようなつもりで、たるんだラインを直線方向へターンさせる。２人で縄跳びの縄の両端を持ち、大きく回すような感じととらえていただいてもよい。

いずれにせよ、余分にフケたラインはふけっ放しにせず、一刻も早くその都度処理しておくこと。風の日のエギングが成り立つかどうかは、面倒でもこまめな作業を怠らないことに尽きる。

当然、ラインは細ければ細いほどよく、ロッドは長ければ長いほどよい。

エギは、普段より大きめで、できることなら沈みの速いもの。それでもコントロールできないようなら、さらに補助オモリを装着して重量を増し、ラインが風を受けて引かれる力に負けないよう、チューニングしてやることである。

自然相手の遊びゆえ、時には風に立ち向かわなければならないこともあるが、くれぐれも危険な目に遭わぬよう注意していただきたい。

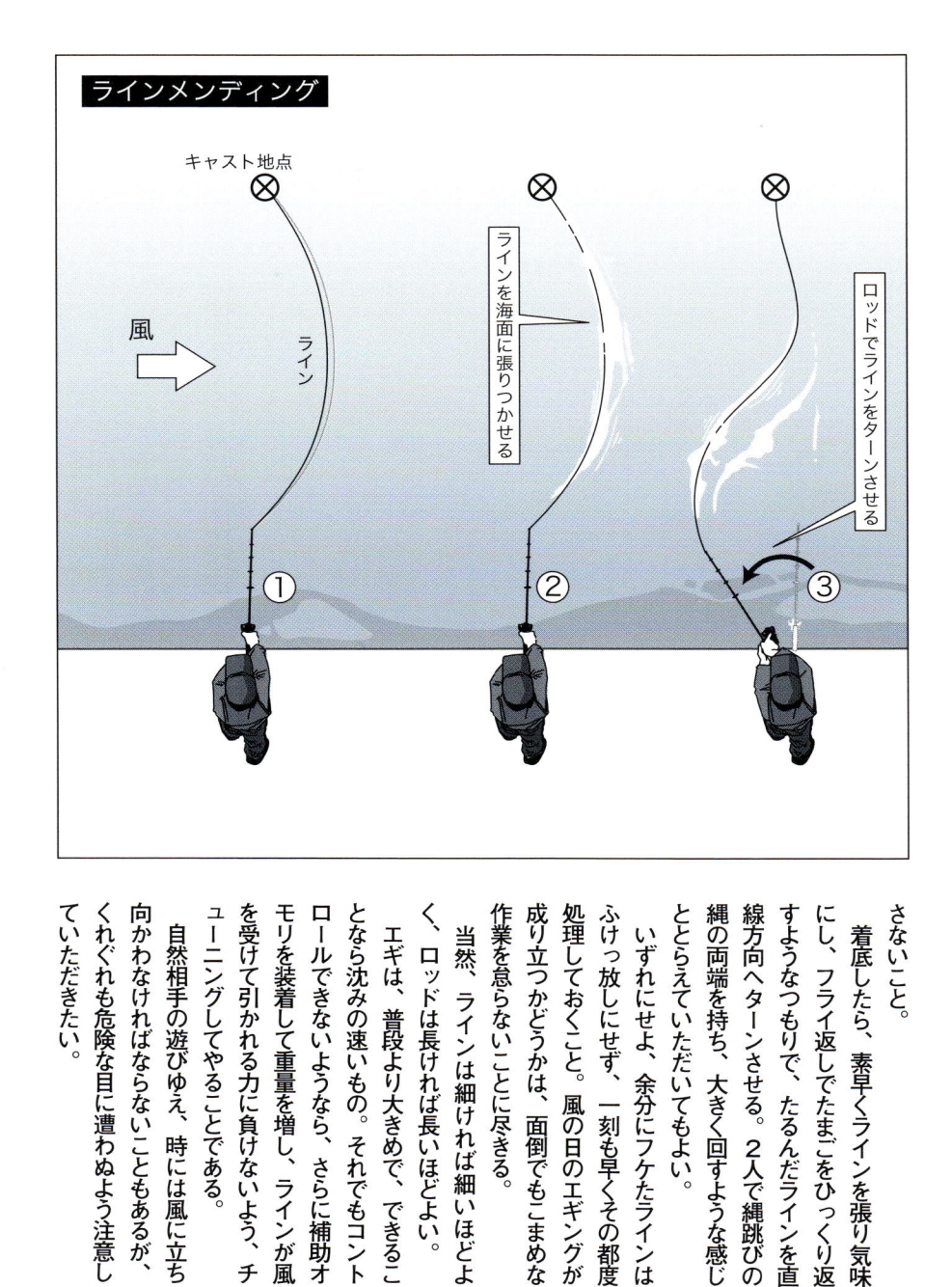

㊙テクで仲間に差をつけろ!

# エギングでスミイカを釣る!

**専門に狙うなら底をていねいに探る。タックルはアオリイカと同じでOKだ!**

ボート・エギングでヒットしたスミイカの仲間のカミナリイカ（モンゴウイカ）

ひとしゃくり毎、エギをボトムまでしっかり沈めるていねいなエギングをしていると、しばしばアオリイカならぬスミイカ（コウイカ）がヒットしてくる。コロコロした丸っこい形状の、体内に貝殻（甲）を持つ、とにかく多量にスミを吐くイカである。

一般的にはスミイカと呼ばれているが、標準和名はコウイカ。もちろん、甲のあるイカという意味だ。ちなみに、スミイカの〝スミ〟は、多量にスミを吐くからに違いない。

さて、現場でスミイカと呼ばれているイカの中には、カミナリイカやシリヤケイカが交じっていることも多い。

カミナリイカは楕円形の眼状紋が特徴

●胴内に硬い甲を持つイカの仲間.01

**【コウイカ】**

砂底または砂泥底に棲み、海底のエビやシャコなどを好んで捕食する。春から初夏にかけて産卵のため浅場に乗っ込んでくる。釣り上げたときに大量のスミを吐くことからスミイカとも呼ばれている。石灰質の甲を胴内に持ち、甲の先端が尖っているのが特徴

で、一見してスミイカとの違いが分かる。釣り人の間では、モンゴウイカの呼び名で親しまれているが、スミイカと混同されていることも多いようだ。

そのスミイカをエギで釣ろうと思ったら、一にも二にも、ひたすらていねいにボトムを叩き続けること。しゃくりは控えめとし、着底したエギを、長めにボトムに置いておくのも効果的だ。

スミイカのシーズンは、晩秋から初春にかけて。一応、すっかり寒くなったころにスタートし、暖かくなり始めたころに終わると考えておいていただきたい。

釣り場としては、砂か砂泥底の港周り。

根掛かりの心配が少ない釣り場で、ボトムを引きずるような気持ちで攻めることが肝心だ。軽くしゃくり上げては着底、また、しゃくり上げては着底、その繰り返しが基本である。

アレンジとしては、ロッドを強く揺すり、シェイクさせながら少しずつ手前に引いてくる方法。エギにウサギ跳びをさせるような気持ちで、ポーン、ポーンと飛ばしながら引いてくるのもよい。

スミイカのサイズは、1キロを超す大型は少なく、200グラムから500グラム級が多い。したがって、タックルやエギはすべてアオリイカ用のままで問題ない。

ちなみに、沖縄や奄美方面にはコブシメ（クブシミ）と呼ばれる大型のコウイカの仲間が生息していて、しばしばアオリイカ狙いのエギに抱きついてくる。シーズンは冬。性質はスミイカとほぼ同じ。日中より夜間が有利。最大は、10キロに達する。

狙って釣ることも可能だが、その場合はスミイカ同様、エギをボトムに置いたまましばらく待つか、ごくスローで引いてくる。エギにゆっくり近づいてきて、おもむろに抱きつくというパターンがもっとも多い。

コブシメだけでなくスミイカの場合も、置きっ放しのエギにヒットしてくることはよくある。

ただし、スミイカがアオリイカのように中層、あるいは水面のエギに飛びついてくるケースも時にはある。

ごく普通にエギング（アオリイカ狙い

大型船の発着する水深のある岸壁で、砂泥の海底が狙い目。日中より夜間が有利だ

の）を展開している場合でも、スミイカはしばしばヒットしてくるし、着底を確認しながらていねいなエギングを展開していれば、ヒット回数はさらに増える。

今のところ、スミイカを専門に狙ってエギングを展開している釣り人はごく少数と思われるが、スミイカを意識しつつアオリイカを狙っている人は、決して少なくない。時にはスミイカのみを狙って、じっくり粘ってみるのも面白のではないか。

挑むなら、水温が下がり、日中エギングでアオリイカの乗りが極端に悪くなった直後。水深のある港内で、若干濁った潮なら条件的には申し分ない。

## 船からのスミイカ釣り

昔からある船のスミイカ釣りは、仕掛けの先端にイカテンヤを付け、テンヤにはシャコを固定。そのやや上にスッテと呼ばれる擬似バリをエダスで出し、軽くキャストして少しずつ手前に引いてくる。

それが標準であるが、最近ルアー船を中心に流行りだしたのは、テンビン仕掛けの下に1～3メートルのハリスリーダーを付け、そのリーダーに2.5号のエギをセットして誘う方法。

エギが海底から50センチ上にあるよう調節しながら、アタリが来るのをじっと待つ。モゾッときた〝ノリ〟を逃さずキャッチして、しっかり合わせることが数を伸ばすコツである。

**●胴内に硬い甲を持つイカの仲間.02**

**【カミナリイカ】**

近縁種のカミナリイカは通称モンゴウイカと呼ばれる。生態はコウイカとほぼ同じことから、コウイカと間違える釣り人も多い。見分け方は、カミナリイカには胴の表面にコーヒー豆のような形の白い紋様が散在することで見分けられる

● 胴内に硬い甲を持つイカの仲間.03

**【シリヤケイカ】**

沿岸の浅い岩礁域に棲む。コウイカに似るが、胴部先端に棘がない。また体表は白点を散りばめたような紋様で、コウイカのものとは異なる。春から初夏にかけて産卵。浅場の海藻などに卵を産む。年にもよるが比較的大きな群れで接岸するため、かなりまとまった数が釣れることもある

自分の大きさと変わらないようなエギに乗ってきたマルイカ

㊙テクで仲間に差をつけろ!

# その他、エギングで狙えるイカたち!

**エギングで釣れるイカの種類は多い。専門に狙うことも可能!?**

アオリイカやスミイカ以外にも、エギで釣れるイカは色いろある。よく知られているのは、ケンサキイカ、ヤリイカ、スルメイカ、アカイカなど。

ただし、イカの名前というのは地方名がやたらと多く、実にややこしい。

例えば、近年沖釣り師の間で人気急上昇中のマルイカ。ボートからのエギングはもちろん、陸っぱりのエギングでもしばしばヒットしてくるアクティブなイカで、陸っぱり釣り師にも馴染みが深い。

ところが、「マルイカ」という標準和名を持ったイカは存在しない。マルイカは単なる地方名のひとつで、標準和名は「ケンサキイカ」。おそらく、ヤリイカに似るがやや丸味を帯びていることか

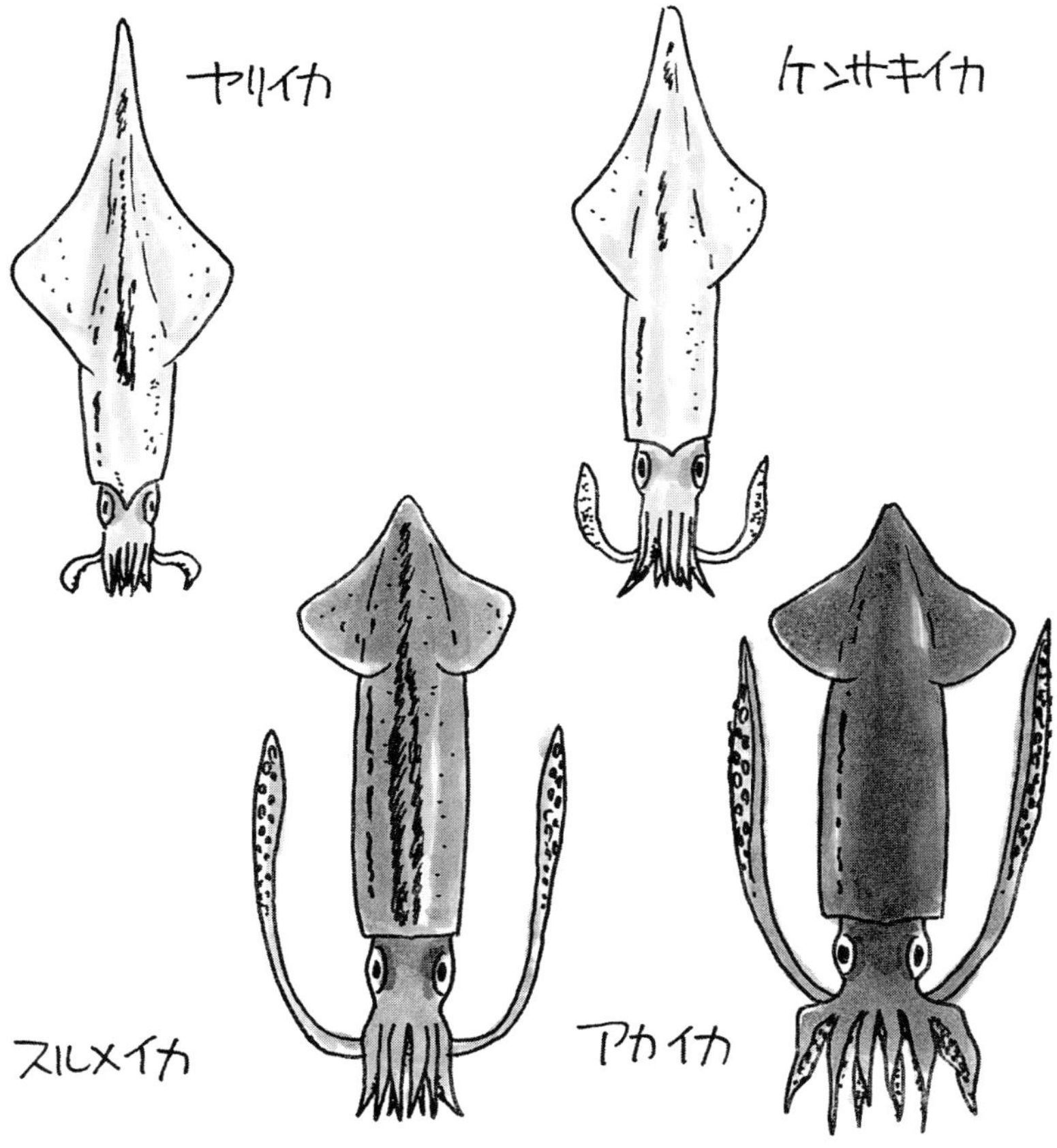


ら、マルイカと呼ばれるようになったのではないかと想像できる。

ちなみに同じケンサキイカのことを、伊豆諸島や伊豆半島、房総半島あたりではアカイカと呼ぶ。確かに釣り上げたケンサキイカは、赤い色をしているのだから、アカイカという呼び名も十分納得できる。

結局、東京湾一帯で人気を博している沖釣りの人気ターゲットのひとつ、「マルイカ」の標準和名は「ケンサキイカ」で、ほかに「アカイカ」と呼ぶ地域もある、と整理して記せば理解しやすいに違いない。

それで終われば話は簡単。

ところが、これとはまったく別のイカで、標準和名が「アカイカ」という種類があるからややこしい。

そのアカイカ釣りのメッカである茨城県では標準和名を使わず、「ムラサキイカ」「ゴウドウイカ」などと呼ぶのだからいよいよ混乱を招く。

ちなみに鹿島沖では、アカイカ（ムラサキイカ）やスルメイカの夜釣りが盛んである。これは集魚灯でイカを寄せておき、効率よく釣り上げるものだが、灯りの下に姿を現したイカはエギでもよく釣れる。

沖合の夜釣りとなるため陸っぱり釣り師には縁遠い世界かもしれないが、でっかいアカイカが、いとも簡単に数多く釣れるのが魅力である。

## アオリと同じ釣り方でOK!

話を陸っぱりに戻そう。アオリイカの生息エリアでケンサキイカ、ヤリイカ、スルメイカなどが釣れてくるのは、あくまでもアオリイ狙いの外道である場合が多い。

したがって、特別な釣り方が必要になるわけではなく、通常のエギングを行っていればよいことになる。

強いていえば、ケンサキイカ（東京湾のマルイカ、伊豆や房総のアカイカ）は小型が多いため、エギは3号以下の小型が望ましい。エギに対する反応は、アオリイカに勝るとも劣らないため、あえてソフトにしゃくったりする必要もない。

ヤリイカとスルメイカは、どちらかといえば夜釣りに分がある。日中のエギングでケンサキイカのようにヒットしてこないのは、そのためだ。

ヤリイカ釣りが人気となっているのは、アオリイカの生息エリア外か、生息していても極端に魚影の薄い地域。具体的には、東北地方の太平洋側では、ヤリイカのエギングが人気を集め始めている。

夕暮れに釣り場へ入り、水銀灯のある港周りで小型のエギをしゃくっているとズンッとくる。時には灯りの下で泳ぎ回るヤリイカを見ながら、日中エギングのようにサイトフィッシングで挑むことも可能だ。

アオリイカに比べれば引きが弱く、サイズも飛び抜けて大型がいるわけではないため、エギングロッドの中では、短くて軟らかい製品がちょうどよい。

まだまだ手探り状態の未完成な釣りであるが、今後、ひとつの釣りとして発展していくことを願って止まない。

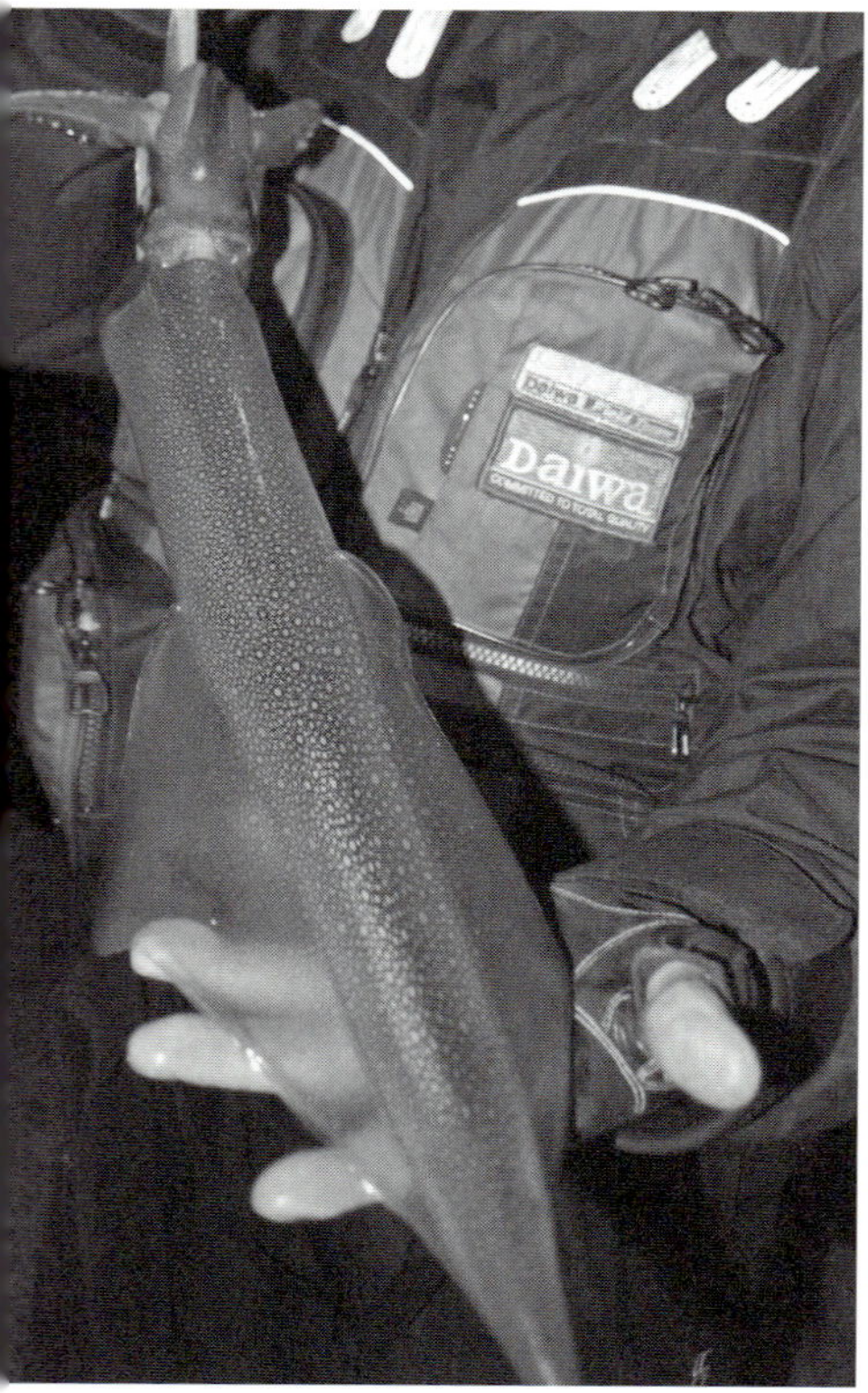

東北地方の太平洋側では、ヤリイカのエギングも人気が高い。常夜灯の下なら夜間のサイトフィッシングも可能

ケンサキイカ（東京湾のマルイカ、伊豆や房総のアカイカ）は小型が多いため、エギは３号以下の小型が望ましい

スルメイカもエギングで狙えるが、どちらかといえば夜釣りに分がある

さて最後に、九州で「アカイカ」と呼ぶのは、巨大な「ソデイカ」のこと。普段は沖の深場に生息する。20キロ以上にも育つ巨大種で、山陰や新潟方面では沖釣りのターゲットとしてよく知られている。

その巨大なソデイカが、冬になると九州の北岸一帯にやってきて、岸近くをウロウロ泳ぎ回ったりするのである。

日中、手の届く範囲の水面にぽっかり姿を現したり、夜の水銀灯周りを走り回っていたりするのを目撃した釣り人は数多い。

しかも、その巨大イカが、キャストしたエギにそこそこ反応するのである。当然、エギングで釣り上げた人も少なくない。

溢れんばかりの夢と希望を持ち合わせている釣り人なら、ぜひ一度、チャレンジしてみてはいかがだろう。

わし ソデイカ
岸近くを ウロウロしたり するんよ
ヨッ
ヒッ

㊙テクで仲間に差をつけろ!

# ボート・エギングのすすめ!

**基本は陸っぱりと同じだが、エギは大きめを用意。ボートの流れも意識する!**

陸っぱりエギングを続けていると、時として、どうしても陸路で行くことのできない釣り場や距離の届かないポイントを攻めてみたくなる。あの先にはきっと楽園が待っているのだろうと、妄想ばかりが膨らんでしまうからだ。

そんな陸っぱり釣り師のささやかな夢を実現できる、ボート・エギングの人気が高まっている。

本来、船のアオリイカ釣りは、10号程度の中オモリを使用し、4〜5メートルのハリスの先にエギをセットしてしゃくるのが昔ながらのやり方。

しかし、ここでいうボート・エギングは、中オモリを使用するものではなく、あくまでも陸っぱりスタイルそのまま。

沖の竿抜けとなっているポイントを攻めることができるボート・エギング。夢のような釣果も期待できる!?

ボート上からエギをキャストして、アクティブに攻めるのである。

## 使用するタックル

基本的には陸っぱりと同じものをそのまま使用すればよい。港でエギングを行っていて、ボート屋の前まできたら、そのままボートに乗って沖から攻めてみる、といったノリがよい。

ただし、ボートゲームの場合は荷物を持ち歩かなくて済むため、ロッドを2本準備しておくほうがよい。

1本は若干硬目の調子で、3.5〜4号とやや大き目のエギをセットしておく。

もう1本は軟らか目。こちらは小さ目のエギをセットしておき、大きなエギで追ってはくるのになかなか抱きつかないアオリイカが現れた場合、ロッドごと素早く持ち替え、目前にキャストして誘い抱きつかせてしまう。

リールは、どちらのロッドにも、2500番サイズ（ダイワ製の場合。ちなみにシマノ製の場合は3000番）を組み合わせる。

ラインはメインラインがPE0.6〜0.8号。リーダーはフロロカーボンの2号を1.5メートル。

## エギのサイズとカラー

陸っぱりとの違いは、やや大き目のエギを多めにそろえておくことぐらい。小型アオリのことは脳裏から捨て去り、ひたすら中型、大型に的を絞ったほうがよい。

陸っぱりスタイルそのまま、ボート上からエギをキャストしてアクティブに攻めればOK。乗った！

具体的には3.5号か4号を基本として、小は3号、大は4.5号を1つか2つ。カラーは陸っぱり同様ピンク系とオレンジ系が欠かせない。各サイズ毎に、それぞれのカラーを準備しておくことが望ましい。

さらに一手。アオリイカの目先を変えるために、何かしら別カラーのエギを数本用意しておくと、いざという時に威力を発揮してくれる。同じカラーのエギで繰り返し攻め続け、アオリイカの反応が鈍くなってしまったら、エギのサイズを変えるか、カラーをチェンジする。

ちなみにピンク系とオレンジ系の使い分けは、澄み潮ならピンク系、濁り潮ならオレンジ系といった具合。

サイズは、できるだけ大きめをベースとしておき、アオリイカが追ってきた際のサイズダウンの一手を残しておくこと。

## 陸っぱりのテクニックを使う

浅場であれば、陸っぱりのエギングスタイルがそのまま通用する。

ポイントとおぼしき方向に向けロングキャストを行い、いったんボトムまで沈めてから鋭いしゃくりを繰り返しつつエギを追わせ、姿が見えたらフォーリングで仕留めるといった感じ。

その際、大きめのエギでテンポよく誘い、アオリイカの姿を確認したら、小さなエギがセットしてあるロッドに素早く持ち替え、スローなフォーリングで抱きつかせる。

深場を攻める場合は夜のエギング同様、アオリイカがエギを追う様子をイメージしつつ、しゃくりでアピールし、フォーリングでヒットに持ち込む。

風にボートが流されてやり難いようならアンカーで固定し、陸っぱりのイメージのままゆっくりやればよい。

水深20メートル以内なら、陸っぱりのエギングスタイルがそのまま通用する。

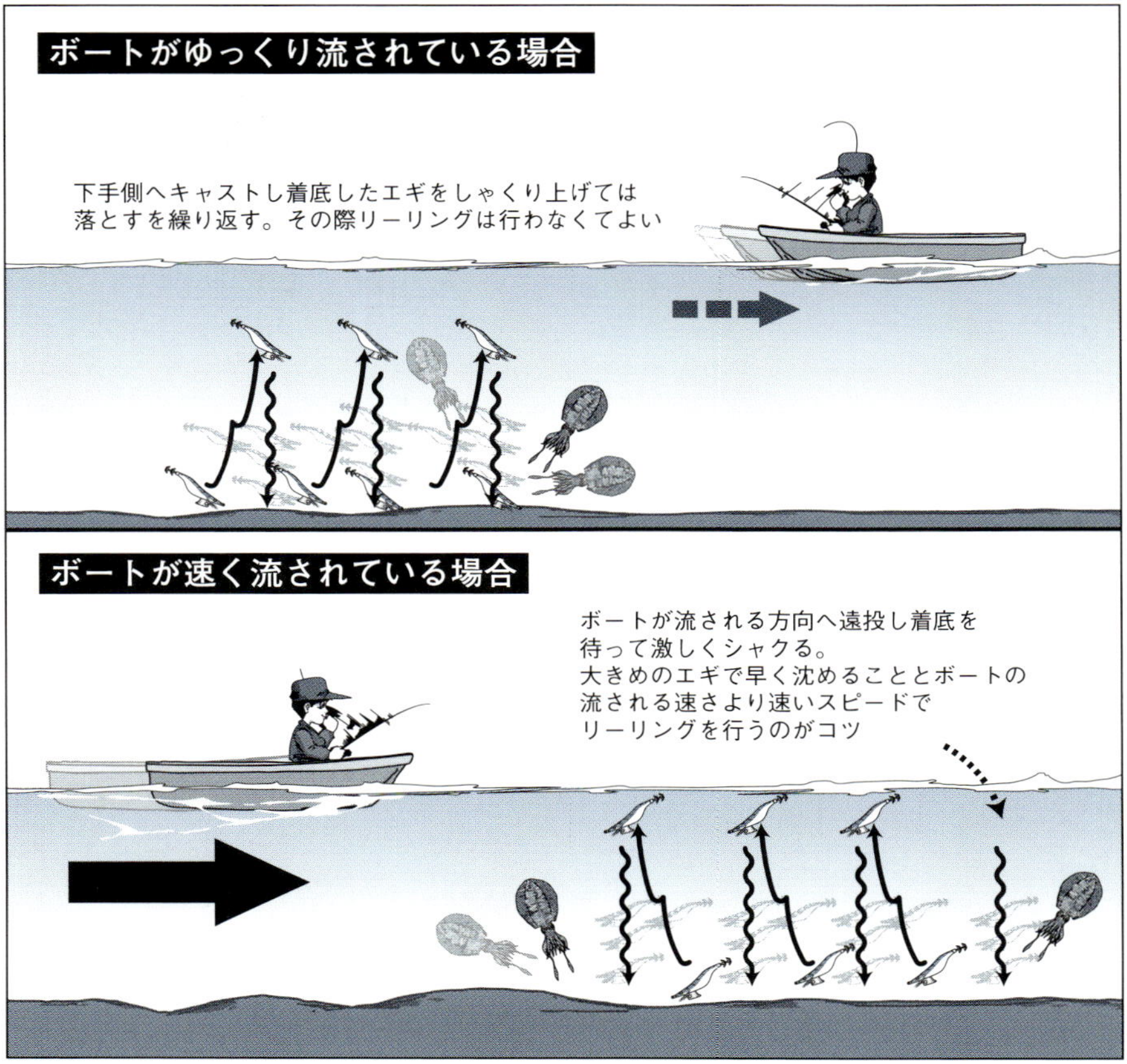
ボートがゆっくり流されている場合
下手側へキャストし着底したエギをしゃくり上げては
落とすを繰り返す。その際リーリングは行わなくてよい
ボートが速く流されている場合
ボートが流される方向へ遠投し着底を
待って激しくシャクる。
大きめのエギで早く沈めることとボートの
流される速さより速いスピードで
リーリングを行うのがコツ

## ボートエギングならではのテクニック

ボートの流れる方向と、キャストを行う方向がカギ。ボートの流され方が遅い場合は、左右どちらへキャストしても、釣り難いことはない。当然、進行方向へキャストした場合は速いテンポでしゃくり、反対方向へキャストした場合は、スローテンポのしゃくりを心がける。

後方へキャストを行い、流れが適当だった場合は、リーリングを行わず時どきしゃくっているだけで効果的にヒットを得ることが可能だ。これは、いってみればトローリングと同じ原理。エギが浮き上がってしまうようなら大きめに交換するか、オモリを足して比重を大きくする。逆に、底に着きすぎてしまう場合は、ワンサイズ小さなエギと交換する。

ボート・エギングの魅力は、陸っぱりに比べて釣れるアオリイカのアベレージサイズが格段に大きく、大型の交じる可能性もすこぶる高いことである。

supervisor 村越正海
editor 時田眞吉
illustrator 堀口順一郎　名取幸美
art associates TOPPAN DTP STUDIO TANC
cover design cycledesign
planning 株式会社つり情報社
〒101-0021
東京都千代田区外神田5-2-3　6F
TEL.03（5818）4511
FAX.03（5818）4510

つり情報BOOKS
基礎から始める アオリイカ エギング入門

2015年10月15日　初版第1刷発行

編者●「つり情報」編集部
発行者●穂谷竹俊
発行所●株式会社 日東書院本社
〒160-0022　東京都新宿区新宿2丁目15番14号　辰巳ビル
TEL●03-5360-7522（代表） FAX●03-5360-8951（販売部）
振替●00180-0-705733　URL●http://www.TG-NET.co.jp

印刷所・製本所●凸版印刷株式会社

　ISBN978-4-528-02048-1 C2075